अप्सरा

अप्सरा

सूर्यकान्त त्रिपाठी निराला

GYAN

Published by

GYAN

Gyan Publishing House
5, Ansari Road
Daryaganj, New Delhi-110002
Phone: 011-47034999, 9811692060
E-mail: books@gyanbooks.com

Distribution Network
gyanbooks.com
India, USA, Canada, UK, Australia

ISBN: 978-93-7316-229-4 (HB)

First Published, 1900

2nd Impression 2025

Printed at: Gyan Press, Delhi.

अप्सरा

Arthur: सूर्यकान्त त्रिपाठी निराला

११७

अप्सरा

संपादक

सर्वप्रथम देव-पुरस्कार-विजेता

श्रीदुलारेलाल

(सुधा-संपादक)

हिंदी के सर्वश्रेष्ठ उपन्यास और कहानियाँ

रंगभूमि (दो भाग)	७), ८॥)
गढ़-कुंडार	३।॥), ४॥)
कुंडली-चक्र	१।), २)
प्रेम की भेंट	१।), २)
कोतवाल की करामात	१।), २)
संगम	२॥), ३।)
बहता हुआ फूल	३), ३।॥)
हृदय की परख	१।), २)
हृदय की प्यास	२॥), ३।)
पतन	२), २।॥)
जब सूर्योदय होगा	१।), २)
कुबेर	१॥), २।)
संसार-रहस्य	१।॥), २॥)
विजया	२), २।॥)
जागरण	३), ३।॥)
अबला	१।), २)
मा	३।॥), ४॥)
कर्म-मार्ग	२), २।॥)
केन	१), १।॥)
वीर-मणि	॥।), १॥)
गिरिबाला	१।), २)
निःसहाय हिंदू	॥।), १॥)
आत्महत्या	१।), २)
ससुराल	१।), २)
कर्म-फल	२।), ३)
विचित्र योगी	१।), २)
पवित्र पापी	३॥), ४।)
गोरी	१।), २)
ला-मज़हब	१), १।॥)
भाग्य	१।), २)
अलका	१॥), २॥)
अछूत	१।), २)
ख़वास का ब्याह	१।), २)
क़ैदी	१), १।॥)
जूनिथा	१।॥), २॥)
प्रत्यागत	१॥), २।)
प्रश्न	१।॥), २॥)
मदारी	२), २।॥)
लगन	१।),
विकास (दो भाग)	५), ६॥)
विजय (दो भाग)	५॥), ७)
अमृत	१), १।॥)
अश्रुपात	१॥), २।)
संध्या-प्रदीप	१।), २)
तितली	१), १।॥)
कंट्रोल	२)

हिंदुस्थान-भर की हिंदी-पुस्तकें मिलने का पता—

गंगा-ग्रंथागार, ३६, लाटूश रोड, लखनऊ

गंगा-पुस्तकमाला का ११७वाँ पुष्प

अप्सरा

[सामाजिक उपन्यास]

लेखक

श्रीसूर्यकांत त्रिपाठी 'निराला'

(परिमल, प्रबंध-पद्म, अलका, लिली, कुल्ली भाट,

महाभारत आदि के प्रणेता)

मिलने का पता—

गंगा-ग्रंथागार

३६, लाटूश रोड

लखनऊ

तृतीयावृत्ति

सजिल्द २॥) संशोधित मूल्य ३)

प्रकाशक
श्रीदुलारेलाल
अध्यक्ष गंगा-पुस्तकमाला-कार्यालय
लखनऊ

अन्य प्राप्ति-स्थान—

१. दिल्ली—दिल्ली-गंगा-ग्रंथागार, चर्खेवालाँ
२. प्रयाग—प्रयाग-गंगा-ग्रंथागार, गोविंद-भवन
३. काशी—काशी-गंगा-ग्रंथागार, मच्छोदरी-पार्क
४. पटना—पटना-गंगा-ग्रंथागार, मछुआ-टोली

नोट—हमारी सब पुस्तकें इनके अलावा हिंदुस्थान-भर के स
बुकसेलरों के यहाँ मिलती हैं। जिन बुकसेलरों के यहाँ न मि
उनका नाम-पता हमें लिखें। हम उनके यहाँ भी मिलने का प्र
करेंगे। हिंदी-सेवा में हमारा हाथ बँटाइए।

मुद्रक
श्रीदुलारेलाल
अध्यक्ष गंगा-फ़ाइनआर्ट
लखनऊ

-प्रेमोपहार-

समर्पण

अप्सरा को साहित्य में सबसे पहले मंद गति से सुंदर-सुकुमार कवि-मित्र श्रीसुमित्रानंदन पंत की ओर बढ़ते हुए देख मैंने रोका नहीं। मैंने देखा, पंतजी की तरफ़ एक स्नेह-कटाक्ष कर, सहज फिरकर उसने मुझसे कहा, इन्हीं के पास बैठकर इन्हीं से मैं अपना जीवन-रहस्य कहूँगी, फिर चली गई।

निवेदन

इस उपन्यास के लिखने के पहले 'निराला'जी हिंदी-संसार में कवि के रूप में प्रसिद्ध हो चुके थे। यह उनका प्रथम उपन्यास है। हमारे अनुरोध पर उन्होंने इसे लिखने की कृपा की, और हमें इसे गंगा-पुस्तकमाला में गूँथने का अवसर दिया। हिंदी-संसार ने भी इसे पसंद किया, और हमने उनका अलका नाम का दूसरा उपन्यास छापा। आज हमें इस बात का विशेष आनंद है कि इसे तीसरी बार निकालने का शुभ अवसर हमें मिल रहा है।

गोविंद-भवन, प्रयाग
४ । ११ । ४४

दुलारेलाल

वक्तव्य

अन्यान्य भाषाओं के मुक़ाबले हिंदी में उपन्यासों की संख्या थोड़ी है। साहित्य तथा समाज के गले पर मुक्ताओं की माला की तरह इने-गिने उपन्यास ही हैं। मैं श्रीप्रेमचंदजी के उपन्यासों के उद्देश्य पर कह रहा हूँ। इनके अलावा और भी कई ऐसी ही रचनाएँ हैं, जो स्नेह तथा आदर-सम्मान प्राप्त कर चुकी हैं। इन बड़ी-बड़ी तोंदवाले औपन्यासिक-सेठों की महफ़िल में मेरी दंशिताधरा अप्सरा उतरते हुए बिलकुल संकुचित नहीं हो रही, उसे विश्वास है, वह एक ही दृष्टि से इन्हें अपना अनन्य भक्त कर लेगी। किसी दूसरी रूपवती अनिंद्य सुंदरी से भी आँखें मिलाते हुए वह नहीं घबराती, क्योंकि वह स्पर्द्धा की एक ही सृष्टि, अपनी ही विद्युत् से चमकती हुई चिरसौंदर्य के आकाश-तत्त्व में छिप गई है।

मैंने किसी विचार से अप्सरा नहीं लिखी, किसी उद्देश्य की पुष्टि इसमें नहीं। अप्सरा स्वयं मुझे जिस-जिस ओर ले गई, मैं दीपक-पतंग की तरह उसके साथ रहा। अपनी ही इच्छा से अपने मुक्त जीवन-प्रसंग का प्रांगण छोड़ प्रेम की सीमित, पर दृढ़ बाहों में सुरक्षित, बँध रहना उसने पसंद किया।

इच्छा न रहने पर भी प्रासंगिक काव्य, दर्शन, समाज, राजनीति आदि की कुछ बातें चरित्रों के साथ व्यावहारिक जीवन की समस्या की तरह आ पड़ी हैं। वे अप्सरा के ही रूप-रुचि के अनुकूल हैं। उनसे पाठकों को शिक्षा के तौर पर कुछ मिलता हो, अच्छी बात है; न मिलता हो, रहने दें; मैं अपनी तरफ़ से केवल अप्सरा उनकी भेंट कर रहा हूँ।

लखनऊ
१।१।३१

'निराला'

अप्सरा

(१)

इडन-गार्डेन में, कृत्रिम सरोवर के तट पर, एक कुंज के बीच, शाम सात बजे के क़रीब, जलते हुए एक प्रकाश-स्तंभ के नीचे पड़ी हुई एक कुर्सी पर, सत्रह साल की चंपे की कली-सी एक किशोरी बैठी हुई, सरोवर की लहरों पर चमकती हुई चाँद की किरणों और जल पर खुले हुए, काँपते, बिजली की बत्तियों के कमल के फूल एकचित्त से देख रही थी। और दिनों से आज उसे कुछ देर हो गई थी। पर इसका उसे ख़याल न था।

युवती एकाएक चौंककर काँप उठी। उसी बेंच पर एक गोरा बिलकुल उससे सटकर बैठ गया। युवती एक बग़ल हट गई। फिर कुछ सोचकर, इधर-उधर देख, घबराई हुई, उठकर खड़ी हो गई। गोरे ने हाथ पकड़कर जबरन बेंच पर बैठा लिया। युवती चीख़ उठी।

बाग़ में उस समय इक्के-दुक्के आदमी रह गए थे। युवती ने इधर-उधर देखा, पर कोई नज़र न आया। भय से उसका कंठ भी रुक गया। अपने आदमियों को पुकारना

चाहा, पर आवाज़ न निकली। गोरे ने उसे कसकर पकड़ लिया।

गोरा कुछ निश्छल प्रेम की बातें कह रहा था कि पीछे से किसी ने उसके कालर में उँगलियाँ घुसेड़ दीं, और गर्दन के पास कोट के साथ पकड़कर साहब को एक बित्ता बेंच से ऊपर उठा लिया, जैसे चूहे को बिल्ली। साहब के क़ब्ज़े से युवती छूट गई। साहब ने सिर घुमाया। आगंतुक ने दूसरे हाथ से युवती की तरफ़ सिर फेर दिया—"अब कैसी लगती है?"

साहब झपटकर खड़ा हो गया। युवक ने कालर छोड़ते हुए ज़ोर से सामने रेल दिया। एक पेड़ के सहारे साहब सँभल गया, फिरकर उसने देखा, एक युवक अकेला खड़ा है। साहब को अपनी वीरता का ख़याल आया। "टुम पीछे से हमको पकड़ा" कहते-कहते साहब युवक की ओर लपका। "तो अभी दिल की मुराद पूरी नहीं हुई?" युवक तैयार हो गया। साहब को बाक्सिंग (घूँसेबाज़ी) का अभिमान था, युवक को कुश्ती का। साहब के वार करते ही युवक ने कलाई पकड़ ली, और यहीं से बाँधकर बहल्ले में दे मारा, छाती पर चढ़ बैठा, कई रद्दे कस दिए। साहब बेहोश हो गया। युवती खड़ी सविस्मय ताकती रही। युवक ने रूमाल भिगोकर साहब का मुँह पोछ दिया। फिर उसी को सिर पर रख दिया। जेब से काग़ज़ निकाल बेंच के सहारे एक चिट्ठी लिखी, और

साहब की जेब में रख दी। फिर युवती से पूछा—"आपको कहाँ जाना है?"

"मेरी मोटर रास्ते पर खड़ी है। उस पर मेरा ड्राइवर और बूढ़ा अर्दली बैठा होगा। मैं हवाखोरी के लिये आई थी। आपने मेरी रक्षा की। मैं सदैव—सदैव आपकी कृतज्ञ रहूँगी।"

युवक ने सिर झुका लिया। "आपका शुभ नाम?" युवती ने पूछा।

"नाम बतलाना अनावश्यक समझता हूँ। आप जल्द यहाँ से चली जायँ।"

युवक को कृतज्ञता की सजल दृष्टि से देखती हुई युवती चल दी। रुककर कुछ कहना चाहा, पर कह न सकी। युवती फ़ील्ड के फाटक की ओर चली, युवक हाईकोर्ट की तरफ़ चला गया। कुछ दूर जाने के बाद युवती फिर लौटी। युवक नजर से बाहर हो गया था। वहीं गई, और साहब की जेब से चिट्ठी निकालकर चुपचाप चली आई।

(२)

कनक धीरे-धीरे सोलहवें वर्ष के पहले चरण में आ पड़ी। अपार, अलौकिक सौंदर्य, एकांत में, कभी-कभी अपनी मनोहर रागिनी सुना जाता; वह कान लगा उसके अमृतस्वर को सुनती, पान किया करती। अज्ञात एक अपूर्व आनंद का प्रवाह—अंगों को आपाद-मस्तक नहला

जाता, स्नेह की विद्युत्-लता काँप उठती। उस अपरिचित कारण की तलाश में विस्मय से आकाश की ओर ताककर रह जाती। कभी-कभी खिले हुए अंगों के स्नेह-भार में एक स्पर्श मिलता, जैसे अशरीर कोई उसकी आत्मा में प्रवेश कर रहा हो। उस गुदगुदी में उसके तमाम अंग काँपकर खिल उठते। अपनी देह के वृंत पर अपलक खिली हुई, ज्योत्स्ना के चंद्र-पुष्प की तरह, सौंदर्योज्ज्वल पारिजात की तरह एक अज्ञात प्रणय की वायु से डोल उठती। आँखों में प्रश्न फूट पड़ता, संसार के रहस्यों के प्रति विस्मय।

कनक गंधर्व-कुमारिका थी। उसकी माता सर्वेश्वरी बनारस की रहनेवाली थी। नृत्य-संगीत में वह भारत में प्रसिद्ध हो चुकी थी। बड़े-बड़े राजे-महाराजे जलसे में उसे बुलाते, उसकी बड़ी ख़ातिर करते थे। इस तरह सर्वेश्वरी ने अपार संपत्ति एकत्र कर ली थी। उसने कलकत्ता-बहूबाज़ार में आलीशान अपना एक ख़ास मकान बनवा लिया था, और व्यवसाय की वृद्धि के लिये, उपार्जन की सुविधा के विचार से प्रायः वहीं रहती भी थी। सिर्फ़ बुढ़वा-मंगल के दिनों, तवायफ़ों तथा रईसों पर अपने नाम की मुहर मार्जित कर लेने के विचार से, काशी आया करती थी। वहाँ भी उसकी एक कोठी थी।

सर्वेश्वरी की इस अथाह संपत्ति की नाव पर एक-मात्र उसकी कन्या कनक ही कर्णधार थी। इसलिये कनक में सब

तरफ़ से ज्ञान का थोड़ा-थोड़ा प्रकाश भर देना भविष्य के सुख-पूर्वक निर्वाह के लिये, अपनी नाव खेने की सुविधा के लिये, उसने आवश्यक समझ लिया था। वह जानती थी, कनक अब कली नहीं, उसके अंगों के कुल दल खुल गए हैं, उसके हृदय के चक्र में चारो ओर के सौंदर्य का मधु भर गया है। पर उसका लक्ष्य उसकी शिक्षा की तरफ़ था। अभी तक उसने उसको जातीय शिक्षा का भार अपने हाथों नहीं लिया। अभी दृष्टि से ही वह कनक को प्यार कर लेती, उपदेश दे देती थी। कार्यतः उसकी तरफ़ से अलग थी। कभी-कभी जब व्यवसाय और व्यवसायियों से फ़ुर्सत मिलती, वह कुछ देर के लिये कनक को बुला लिया करती। और हर तरफ़ से उसने कन्या के लिये स्वतंत्र प्रबंध कर रक्खा था। उसके पढ़ने का घर ही में इंतज़ाम कर दिया था। एक अँगरेज़-महिला, श्रीमती कैथरिन, तीन घंटे उसे पढ़ा जाया करती थीं। दो घंटे के लिये एक अध्यापक आया करते थे।

इस तरह वह शुभ्र-स्वच्छ निर्झरिणी विद्या के ज्योत्स्नालोक के भीतर से मुखर शब्द-कलरव करती हुई ज्ञान के समुद्र की ओर अबाध बह चली। हिंदी के अध्यापक उसे पढ़ाते हुए अपनी अर्थ-प्राप्ति की कलुषित कामना पर पश्चात्ताप करते, कुशाग्रबुद्धि शिष्या के भविष्य का पंकिल चित्र खींचते हुए मन-ही-मन सोचते, इसकी पढ़ाई ऊसर पर वर्षा है, तलवार में शान, नागिन का दूध पीना। इसका काटा हुआ एक

क़दम भी नहीं चल सकता। पर नौकरी छोड़ने की चिंता-मात्र से व्याकुल हो उठते थे। उसकी अँगरेज़ी की आचार्या उसे बाइबिल पढ़ाती हुई, बड़ी एकाग्रता से उसे देखती और मन-ही-मन निश्चय करती थीं कि किसी दिन उसे प्रभु ईसा की शरण में लाकर कृतार्थ कर देंगी। कनक भी अँगरेज़ी में जैसी तेज़ थी, उन्हें अपनी सफलता पर ज़रा भी द्विधा न थी। उसकी माता सोचती, इसके हृदय को जिन तारों से बाँधकर मैं इसे सजाऊँगी, उनके स्वर-झंकार से एक दिन संसार के लोग चकित हो जायँगे; इसके द्वारा अप्सरा-लोक में एक नया ही परिवर्तन कर दूँगी, और वह केवल एक ही अंग में नहीं, चारो तरफ़; मकान के सभी शून्य छिद्रों को जैसे प्रकाश और वायु भरते रहते हैं, आत्मा का एक ही समुद्र जैसे सभी प्रवाहों का चरम परिणाम है।

इस समय कनक अपनी सुगंध से आप ही आश्चर्य-चकित हो रही थी। अपने बालपन की बालिका-तन्वी कवयित्री को चारो ओर केवल कल्पना का आलोक देख पड़ता था, उसने अभी उसकी किरण-तंतुओं से जाल बुनना नहीं सीखा था। काव्य था पर शब्द-रचना नहीं, जैसे उस प्रकाश में उसकी तमाम प्रगतियाँ फँस गई हों, जैसे इस अवरोध से बाहर निकलने की वह राह न जानती हो। यही उसका सबसे बड़ा सौंदर्य, उसमें नैसर्गिक एक अतुल विभूति थी। संसार के कुल मनुष्य और वस्तुएँ उसकी दृष्टि में

मरीचिका के ज्योति-चित्रों की तरह आतीं, अपने यथार्थ स्वरूप में नहीं।

कनक की दिन-चर्या बहुत साधारण थी। दो दासियाँ उसकी देख-रेख के लिये थीं। पर उन्हें प्रतिदिन दो बार उसे नहला देने और तीन-चार बार वस्त्र बदलवा देने के इंतजाम में ही जो कुछ थोड़ा-सा काम था, बाक़ी समय यों ही कटता था। कुछ समय साड़ियाँ चुनने में लग जाता था। कनक प्रतिदिन शाम को मोटर पर क़िले के मैदान की तरफ़ निकलती थी। ड्राइवर की बग़ल में एक अर्दली बैठता था। पीछे की सीट पर अकेली कनक। कनक प्रायः आभरण नहीं पहनती थी। कभी-कभी हाथों में सोने की चूड़ियाँ डाल लेती थी, गले में एक हीरे की कनी का जड़ाऊ हार; कानों में हीरे के दो चंपे पड़े रहते थे। संध्या-समय, सात बजे के बाद से दस तक, और दिन में भी इसी तरह सात से दस तक पढ़ती थी। भोजन-पान में बिलकुल सादगी, पर पुष्टिकारक भोजन उसे दिया जाता था।

(३)

धीरे-धीरे, ऋतुओं के सोने के पंख फड़का; एक साल और उड़ गया। मन के खिलते हुए प्रकाश के अनेक झरने उसकी कमल-सी आँखों से होकर बह गए। पर अब उसके मुख से आश्चर्य की जगह ज्ञान की मुद्रा चित्रित हो जाती, वह स्वयं अब अपने भविष्य के पट पर तूलिका चला लेती है। साल-

भर से माता के पास उसे नृत्य और संगीत की शिक्षा मिल रही है। इधर उसकी उन्नति के चपल क्रम को देख सर्वेश्वरी पहले की कल्पना की अपेक्षा शिक्षा के पथ पर उसे और दूर तक ले चलने का विचार करने लगी, और गंधर्व-जाति के छूटे हुए पूर्वगौरव को स्पर्द्धा से प्राप्त करने के लिये उसे उत्साह भी दिया करती। कनक अपलक ताकती हुई माता के वाक्यों को सप्रमाण सिद्ध करने की मन-ही-मन निश्चय करती, प्रतिज्ञाएँ करती। माता ने उसे सिखलाया—"किसी को प्यार मत करना। हमारे लिये प्यार करना आत्मा की कमजोरी है। यह हमारा धर्म नहीं।"

कनक ने अस्फुट वाणी में मन-ही-मन प्रतिज्ञा की—"किसी को प्यार नहीं करूँगी। यह हमारे लिये आत्मा की कमजोरी है, धर्म नहीं।"

माता ने कहा—"संसार के और लोग भीतर से प्यार करते हैं, हम लोग बाहर से।"

कनक ने निश्चय किया—"और लोग भीतर से प्यार करते हैं, मैं बाहर से करूँगी।"

माता ने कहा—"हमारी जैसी स्थिति है, इस पर ठहरकर भी हम लोक में वैसी ही विभूति, वैसा ही ऐश्वर्य, वैसा ही सम्मान अपनी कला के प्रदर्शन से प्राप्त कर सकती हैं; साथ ही, जिस आत्मा को और लोग अपने सर्वस्व का त्याग कर प्राप्त करते हैं, उसे भी हम लोग अपनी कला के उत्कर्ष के

द्वारा, उसी में, प्राप्त करती हैं; उसी में लीन होना हमारी मुक्ति है। जो आत्मा सभी सृष्टियों की सूक्ष्मतम तंतु की तरह उनके प्राणों के प्रियतम संगीत को झंकृत करती, जिसे लोग बाहर के कुल संबंधों को छोड़, ध्यान के द्वारा तन्मय हो प्राप्त करते, उसे हम अपने बाह्य यंत्र के तारों से झंकृत कर, मूर्ति में जगा लेती, फिर अपने जलते हुए प्राणों का गरल, उसी शिव को, मिलकर पिला देती हैं। हमारी मुक्ति इस साधना के द्वारा होती है। इसीलिये ऐश्वर्य पर हमारा सदा ही अधिकार रहता है। हम बाहर से जितनी सुंदर, भीतर से उतनी ही कठोर इसीलिये हैं। और-और लोग बाहर से कठोर पर भीतर से कोमल हुआ करते हैं, इसीलिये वे हमें पहचान नहीं पाते, और, अपने सर्वस्व तक का दान कर, हमें पराजित करना चाहते हैं, हमारे प्रेम को प्राप्त कर, जिस पर केवल हमारे कौशल के शिव का ही एकाधिकार है। जब हम लोग अपने इस धर्म के गर्त से, मौखरिए की रागिनी सुन मुग्ध हुई नागिन की तरह, निकल पड़ती हैं, तब हमारे महत्त्व के पति भी हमें कलंकित अहल्या की तरह शाप से बाँध, पतित कर चले जाते हैं; हम अपनी स्वतंत्रता के सुखमय विहार को छोड़ मौखरिए की संकीर्ण टोकरी में बंद हो जाती हैं, फिर वही हमें इच्छानुसार नचाता, अपनी स्वतंत्र इच्छा के वश में हमें गुलाम बना लेता है। अपनी बुनियाद पर इमारत की तरह तुम्हें अटल रहना

होगा, नहीं तो फिर अपनी स्थिति से ढह जाओगी, बह जाओगी।"

कनक के मन के होंठ काँपकर रह गए—"अपनी बुनियाद पर मैं इमारत की तरह अटल रहूँगी।"

(४)

अख़बारों में बड़े-बड़े अक्षरों में सूचना निकली—

"कोहनूर थिएटर में"

शकुंतला ! शकुंतला !! शकुंतला !!!

शकुंतला—मिस कनक

दुष्यंत—राजकुमार वर्मा एम्० ए०

प्रशंसा में और भी बड़े-बड़े आकर्षक शब्द लिखे हुए थे। थिएटर के शौक़ीनों को हाथ बढ़ाकर स्वर्ग मिला। वे लोग थिएटरों का तमाम इतिहास कंठाग्र रखते थे, जितने ऐक्टर (अभिनेता) और मशहूर बड़ी-छोटी जितनी भी ऐक्ट्रेस (अभिनेत्रियाँ) थीं, उन्हें सबके नाम मालूम थे, सबकी सूरतें पहचानते थे। पर यह मिस कनक अपरिचित थी। विज्ञापन के नीचे कनक की तारीफ़ भी ख़ूब की गई थी। लोग टिकट ख़रीदने के लिये उतावले हो गए। टिकट-घर के सामने अपार भीड़ लग गई, जैसे आदमियों का सागर तरंगित हो रहा हो। एक-एक झोंके से बाढ़ के पानी की तरह वह जन-समुद्र इधर-से-उधर डोल उठता था। बाक्स, आर्चेस्ट्रा, फ़र्स्ट क्लास में भी और-और दिनों से ज़्यादा भीड़ थी।

विजयपुर के कुँवर साहब भी उन दिनों कलकत्ते की सैर कर रहे थे। इन्हें स्टेट से छ हज़ार मासिक जेब-ख़र्च के लिये मिलता था। वह सब नई रोशनी, नए फ़ैशन में फूँक-कर ताप लेते थे। आपने भी एक बाक्स किराए कर लिया। थिएटर की मिसों की प्रायः आपकी कोठी में दावत होती थी, और तरह-तरह के तोहफ़े आप उनके मकान पहुँचा दिया करते थे। संगीत का आपको अज़हद शौक़ था। ख़ुद भी गाते थे। पर आवाज़ जैसे ब्रह्मभोज के पश्चात् कराह रगड़ने की। लोग इस पर भी कहते थे, क्या मँजी हुई आवाज़ है! आपको भी मिस कनक का पता मालूम न था। इससे और उतावले हो रहे थे। जैसे ससुराल जा रहे हों, और स्टेशन के पास गाड़ी पहुँच गई हो।

देखते-देखते संध्या के छ का समय हुआ। थिएटर-गेट के सामने पान खाते, सिगरेट पीते, हँसी-मज़ाक़ करते हुए बड़ी-बड़ी तोंदवाले सेठ, छड़ियाँ चमकाते, सुनहली डंडी का चश्मा लगाए हुए कॉलेज के छोकड़े, अँगरेज़ी अख़बारों की एक-एक प्रति लिए हुए हिंदी के संपादक, सहकारियों पर अपने अपार ज्ञान का बुख़ार उतारते, पहले ही से कला की कसौटी पर अभिनय की परीक्षा करके की प्रतिज्ञा करते हुए टहल रहे थे। इन सब बाहरी दिखलावों के अंदर सबके मन की आँखें मिसों के आगमन की प्रतीक्षा कर रही थीं; उनके चकित दर्शन, चंचल चलन को देखकर चरितार्थ होना चाहती थीं।

जहाँ बड़े-बड़े आदमियों का यह हाल था, वहाँ थर्ड क्लास तिमंजिले पर, फटी-हालत, नंगे-बदन, रूखी-सूरत बैठे हुए बीड़ी-सिगरेट के धुएँ से छत भर देनेवाले, मौक़े-बेमौक़े तालियाँ पीटते हुए इनकोर-इनकोर के अप्रतिहत शब्द से कानों के पर्दे पार कर देनेवाले, अशिष्ट, मुँहफट; कुली क्लास के लोगों का बयान ही क्या ? वहीं इन धन-कुबेरों और संवाद-पत्रों के सर्वज्ञों, वकीलों, डॉक्टरों, प्रोफ़ेसरों और विद्यार्थियों के साथ ये लोग भी कला के प्रेम में साम्यवाद के अधिकारी हो रहे थे।

देखते-देखते एक लॉरी आई। लोगों की निगाह तमाम बाधाओं को चीरती हुई, हवा की गोली की तरह, निशाने पर, जा बैठी। पर, उस समय, गाड़ी से उतरने पर, वे जिवनी, मिस डली, मिस कुंदन, मिस हीरा, पन्ना, मोती, पुखराज, रमा, क्षमा, शांति, शोभा, किशमिस और अंगूर बालाएँ थीं, जिनमें किसी ने हिरन की चाल दिखाई, किसी ने मोर की, किसी ने हस्तिनी की, किसी ने नागिन की, सब-की-सब जैसे डामर से पुती, आफ़्रिका से हाल ही आई हुई, प्रोफ़ेसर डोवर या मिस्टर चटर्जी की सिद्ध की हुई, हिंदोस्तान की आदिम जाति की ही कन्याएँ और बहनें थीं, और ये सब इतने बड़े-बड़े लोग इन्हें ही कला की दृष्टि से देख रहे थे। कोई छ फ़ीट ऊँची, तिस पर नाक नदारद; कोई डेढ़ ही हाथ की छटंकी, पर होंठ आँखों की उपमा लिए हुए आकर्ण-

विस्तृत ; किसी की साढ़े तीन हाथ की लंबाई चौड़ाई में बदली हुई—एक-एक क़दम पर पृथ्वी काँप उठती, किसी की आँखें मक्खियों-सी छोटी और गालों में तबले मढ़े हुए; किसी की उम्र का पता नहीं, शायद सन् ५७ के ग़दर में मिस्टर हडसन को गोद खिलाया हो, इस पर जैसी दुलकी चाल सबने दिखाई, जैसे भुलभुल में पैर पड़ रहे हों। जनता गेट से उनके भीतर चले जाने के कुछ सेकेंड तक तृष्णा की विस्तृत अपार आँखों से कला के उस अप्राप्य अमृत का पान करती रही।

कुछ देर के बाद एक प्राइवेट मोटर आई। बिना किसी इंगित के ही जनता की क्षुब्ध तरंग शांत हो गई, सब लोगों के अंग रूप की तड़ित से प्रहत निश्चेष्ट रह गए। यह सर्वेश्वरी का हाथ पकड़े हुए कनक मोटर से उतर रही थी। सबकी आँखों के संध्याकाश में जैसे सुंदर इंद्र-धनुष अंकित हो गया। सबने देखा, मूर्तिमती प्रभात की किरण है। उस दिन घर से अपने मन के अनुसार सर्वेश्वरी उसे सजाकर लाई थी। धानी रंग की रेशमी साड़ी पहने हुए, हाथों में सोने की, रोशनी से चमकती हुई चूड़ियाँ, गले में हीरे का हार, कानों में चंपा, रेशमी फ़ीते से बँधे, तरंगित खुले लंबे बाल, स्वस्थ सुंदर देह, कान तक खिंची, किसी की खोज-सी करती हुई बड़ी-बड़ी आँखें, काले रंग से कुछ स्याह कर तिर-छाई हुई भौंहें, पैरों में लेडी स्टाकिंग और सुनहले रंग के

जूते। लोग स्टेज की अभिनेत्री शकुंतला को मिस कनक के रूप में अपलक नेत्रों से देख रहे थे। लोगों के मनोभावों को समझकर सर्वेश्वरी देर कर रही थी। मोटर से सामान उतरवाने, ड्राइवर को मोटर लाने का वक़ बतलाने, नौकर को कुछ भूला हुआ सामान मकान से ले आने की आज्ञा देने में लगी रही। फिर धीरे-धीरे कनक का हाथ पकड़े हुए, अपने अर्दली के साथ, ग्रीन-रूम की तरफ़ चली गई। लोग जैसे स्वप्न देखकर जागे। फिर चहल-पहल मच गई। लोग मुक्त कंठ से प्रशंसा करने लगे। धन-कुबेर लोग दूसरे परिचितों से आँख के इशारे बतलाने लगे। इन्हीं लोगों में विजयपुर के कुँवर साहब भी थे। और न-जाने कौन-कौन-से राजे-महाराजे सौंदर्य के समुद्र से अतंद्र अम्लान निकली हुई इस अप्सरा की कृपा-दृष्टि के भिक्षुक हो रहे थे। जिस समय कनक खड़ी थी, कुँवर साहब अपनी आँखों से नहीं, खुर्द-बीन की आँखों से उसके बृहत् रूप को देख, रूप के अंश में अपने को सबसे बड़ा हक़दार साबित कर रहे थे, और इस कार्य में उन्हें संकोच नहीं हुआ। कनक उस समय मुस्किरा रही थी। भीड़ तितर-बितर होने लगी। अभिनय के लिये पौन घंटा और रह गया। लोग पानी-पान-सोडा-लेमनेड आदि खाने-पीने में लग गए। कुछ लोग बीड़ियाँ फूँकते हुए खुली असभ्य भाषा में कनक की आलोचना कर रहे थे।

ग्रीन-रूम में अभिनेत्रियाँ सज रही थीं। कनक नौकर

नहीं थी, उसकी मा भी नौकर नहीं थी। उसकी मा उसे स्टेज पर, पूर्णिमा के चाँद की तरह, एक ही रात में, लोगों की दृष्टि में खोलकर प्रसिद्ध कर देना उचित समझती थी। थिएटर के मालिक पर उसका काफ़ी प्रभाव था। साल में कई बार उसी स्टेज पर टिकट ज्यादा बिकने के लोभ से थिएटर के मालिक उसे गाने तथा अभिनय करने के लिये बुलाते थे। वह जिस रोज़ उतरती, रंग-मंच दर्शक-मंडली से भर जाता था। कनक रिहर्सल में कभी नहीं गई, यह भार उसकी माता ने ले लिया था।

कनक को शकुंतला का वेश पहनाया जाने लगा। उसके कपड़े उतार दिए गए। एक साधारण-सा वस्त्र वल्कल की जगह पहना दिया गया, गले में फूलों का हार। बाल अच्छी तरह खोल दिए गए। उसकी सखियाँ अनसूया और प्रियंवदा भी सज गई। उधर राजकुमार को दुष्यंत का वेश पहनाया जाने लगा। और-और पात्र भी सजाकर तैयार कर दिए गए।

राजकुमार भी कंपनी में नौकर नहीं था। वह शौक़िया बड़ी-बड़ी कंपनियों में उतरकर प्रधान पार्ट किया करता था। इसका कारण वह ख़ुद मित्रों से बयान किया करता। वह कहा करता था, हिंदी के स्टेज पर लोग ठीक-ठीक हिंदी-उच्चारण नहीं करते, वे उर्दू के उच्चारण की नक़ल करते हैं, इससे हिंदी का उच्चारण बिगड़ जाता है, हिंदी के उच्चारण में जीभ

की स्वतंत्र गति होती है, यह हिंदी ही की शिक्षा के द्वारा दुरुस्त होगी। कभी-कभी हिंदी में वह स्वयं नाटक लिखा करता। यह शकुंतला-नाटक उसी का लिखा हुआ था। हिंदी की शुभ कामना से प्रेरित हो, उसने विवाह भी नहीं किया। इससे उसके घरवाले उस पर नाराज हो गए थे। पर उसने परवा नहीं की। कलकत्ता सिटीकॉलेज में वह हिंदी का प्रोफेसर है। शरीर जैसा हृष्ट-पुष्ट, वैसा ही वह सुंदर और बलिष्ठ भी है। कलकत्ते की साहित्य-समितियाँ उसे अच्छी तरह पहचानती हैं।

तीसरी घंटी बजी। लोगों की उत्सुक आँखें स्टेज की ओर देखने लगीं। पहले बालिकाओं ने स्वागत-संगीत गाया। पश्चात् नाटक शुरू हुआ। पहले-ही-पहल कण्व के तपोवन में शकुंतला के दर्शन कर दर्शकों की आँखें तृप्ति से खुल गईं। आश्रम के उपवन की वह खिली हुई कली अपने अंगों की सुरभि से कंपित, दर्शकों के हृदय को, संगीत की एक मधुर मीड़ की तरह काँपकर उठती हुई देह की दिव्य द्युति से, प्रसन्न-पुलकित कर रही थी। जिधर-जिधर चपल तरंग की तरह डोलती, फिरती, लोगों की अचंचल अपलक दृष्टि, उधर-ही-उधर, उस छवि की स्वर्ण-किरण से लगी रहती। एक ही प्रत्यंग-संचालन से उसने लोगों पर जादू डाल दिया। सब उसकी भूरि-भूरि प्रशंसा करने लगे। उसे गौरव-पूर्ण आश्चर्य से देखने लगे।

महाराज दुष्यंत का प्रवेश होते ही, उन्हें देखते ही कनक चौंक उठी। दुष्यंत भी अपनी तमाम एकाग्रता से उसे अ-विस्मय देखते रहे। यह मौन अभिनय लोगों के मन में सत्य के दुष्यंत और शकुंतला की झलक भर गया। कनक मुस्किराई। दोनो ने दोनो को पहचान लिया।

उनके आभ्यंतर भावों की प्रसन्नता की छाया दर्शकों पर भी पड़ी। लोगों ने कहा—बहुत स्वाभाविक अभिनय हो रहा है। क्रमशः आलाप-परिचय, रंग-रस-प्रियता आदि अभिनीत होते रहे। रंगशाला में बिलकुल सन्नाटा था, जैसे सब लोग निर्वाक्, कोई मनोहर स्वप्न देख रहे हों। गांधर्व रीति से विवाह होने लगा। लोग तालियाँ पीटते, सीटियाँ बजाते रहे। शकुंतला ने अपनी माला दुष्यंत को पहना दी; दुष्यंत ने अपनी, शकुंतला को। स्टेज खिल गया।

ठीक इसी समय, बाहर से भीड़ को ठेलते, चेकरों की परवा न करते हुए, कुछ कांस्टेबिलों को साथ ले, पुलिस के दारोगाजी, बड़ी गंभीरता से, स्टेज के सामने, आ धमके। लोग विस्मय की दृष्टि से एक दूसरा नाटक देखने लगे। दारोगाजी ने मैनेजर को पुकारकर कहा—"यहाँ, इस नाटक-मंडली में, राजकुमार वर्मा कौन है? उसके नाम वारंट है, हम उसे गिरफ़्तार करेंगे।"

तमाम स्टेज थर्रा गया। उसी समय लोगों ने देखा, राजकुमार वर्मा, दुष्यंत की ही सम्राट्-चाल से, निश्शंक,

वन्य दृश्य-पट के किनारे से, स्टेज के बिलकुल सामने, आकर खड़ा हो गया, और वीर की दृष्टि से दारोग़ा को देखने लगा। वह दृष्टि कह रही थी, हमें गिरफ़्तार होने का बिलकुल ख़ौफ़ नहीं। शकुंतला-कनक भी अभिनय को सार्थक करती हुई, किनारे से चलकर अपने प्रिय पति के पास आ, हाथ पकड़, दारोग़ा को निस्संकोच दृप्त दृष्टि से देखने लगी। कनक को देखते ही शहद की मक्खियों की तरह दारोग़ा की आँखें उससे लिपट गईं। दर्शक नाटक देखने के लिये चंचल हो उठे।

"हमने रुपए खर्च किए हैं, हमारे मनोरंजन का टैक्स लेकर फिर उसमें बाधा डालने का सरकार को कोई अधिकार नहीं। यह दारोग़ा की मूर्खता है, जो वह अभियुक्त को यहाँ क़ैद करने आया। उसे निकाल दो।" कॉलेज के एक विद्यार्थी ने ज़ोर से पुकारकर कहा।

"निकाल दो—निकाल दो—निकाल दो" हज़ारों कंठ एक साथ कह उठे।

ड्रॉप गिरा दिया गया।

"निकल जाओ—निकल जाओ" पटापट तालियों के वाद्य से स्टेज गूँज उठा। सीटियाँ बजने लगीं। "अहा हाहा! क़ुर्बान जाऊँ साफ़ा! क़ुर्बान जाऊँ डंडा!! छछूँदर-जैसी मूछें! यह कद्दू-जैसा मुँह!!"

दारोग़ाजी का सिर लटक पड़ा। "भागो—भागो—भागो"

के बीच उन्हें भागना ही पड़ा। मैनेजर ने कहा, नाटक हो जाने के बाद आप उन्हें गिरफ़्तार कर लीजिए। मैं उनके पास गया था। उन्होंने आपके लिये यह संवाद भेजा है। दारोग़ा को मैनेजर गेट पर ले जाने लगे, पर उन्होंने स्टेज के भीतर रहकर नाटक देखने की इच्छा प्रकट की। मैनेजर ने टिकट ख़रीदने के लिये कहा। दारोग़ाजी एक बार शान से देख-कर रह गए। फिर अपने लिये एक आर्चेस्ट्रा का टिकट ख़रीद लिया। कांस्टेब्लों को मैनेजर ने थर्ड-क्लास में ले जाकर भर दिया। वहाँ के लोगों को मनोरंजन की दूसरी सामग्री मिल गई।

थिएटर होता रहा। मिस कनक द्वारा किया हुआ शकुंतला का पार्ट लोगों को बहुत पसंद आया। एक ही रात में वह शहर-भर में प्रसिद्ध हो गई।

नाटक समाप्त हो गया। राजकुमार ग्रीन-रूम से निकलने पर गिरफ़्तार कर लिया गया।

(५)

एक बड़ी-सी, अनेक प्रकार के देश-देश की अप्सराओं, बादशाहज़ादियों, नर्तकियों के सत्य तथा काल्पनिक चित्रों तथा बेल-बूटों से सजी हुई दालान; झाड़-फ़ानूस टँगे हुए; फ़र्श पर क़ीमती ग़लीचे-सा कारपेट बिछा हुआ; मख़मल की गद्दीदार कुर्सियाँ, कोच और सोफ़े तरह-तरह की मेज़ों के चारो ओर क़ायदे से रक्खे हुए; बीच-बीच बड़े-बड़े,

आदमी के आकार के ड्योढ़े, शीशे, एक तरफ़ टेबल-हारमोनियम और एक तरफ़ पियानो रक्खा हुआ; और-और यंत्र भी—सितार, सुर-बहार, एसराज, वीणा, सरोद, बैंजो, बेला, क्लारियोनेट, कार्नेट, मँजीरे, तबले, पखावज, सरंगी आदि यथास्थान सुरक्षित रक्खे हुए; कहीं-कहीं छोटी-छोटी मेजों पर चीनी मिट्टी के क़ीमती बर्तन साज के तौर पर रक्खे हुए; किसी-किसी में फूलों के तोड़े; रंगीन शीशे-जड़े तथा झँझरियोंदार डबल दरवाज़े लगे हुए, दोनो किनारों पर मख़मल की सुनहरी जालीदार झूलें चौथ के चाँद के आकार से पड़ी हुईं; बीच में छ हाथ, की चौकोर क़रीब डेढ़ हाथ की ऊँची गद्दी, तकिए लगे हुए, उस पर अकेली बैठी हुई, रात आठ बजे के लगभग, कनक सुर-बहार बजा रही है। मुख पर चिंता की एक रेखा स्पष्ट खिंची हुई, उसके बाहरी सामान से चित्त बहलाने का हाल बयान कर रही है। नीचे लोगों की भीड़ जमा है। सब लोग कान लगाए हुए सुर-बहार सुन रहे हैं।

एक दूसरे कमरे से एक नौकर आया। कहा, माजी कहती हैं, कुछ गाने के लिये कहो। कनक ने सुन लिया। नौकर चला गया। कनक ने अपने नौकर से बाक्स हारमोनियम दे जाने के लिये कहा। हारमोनियम ले आने पर उसने सुर-बहार बढ़ा दिया। नौकर उस पर गिलाफ़ चढ़ाने लगा। कनक दूसरे सप्तक के "सी" स्वर पर उँगली रख बेलो

करने लगी। गाने से जी उचट रहा था, पर माता की आज्ञा थी, उसने गाया—

"प्यार करती हूँ अलि, इसलिये मुझे भी करते हैं वे प्यार,
बह गई हूँ अजान की ओर, इसलिये बह जाता संसार।
रुके नहीं धनि चरण घाट पर,
देखा मैंने मरण बाट पर,
टूट गए सब आट-ठाट घर,
छूट गया परिवार—
तभी सखि, करते हैं वे प्यार।
आप बही या बहा दिया था,
खिंची स्वयं या खींच लिया था,
नहीं याद कुछ कि क्या किया था,
हुई जीत या हार—
तभी री करते हैं वे प्यार।
खुले नयन जब रही सदा तिर,
स्नेह-तरंगों पर उठ-उठ गिर,
सुखद पालने पर मैं फिर-फिर,
करती थी शृंगार—
मुझे तब करते हैं वे प्यार।
कर्म-कुसुम अपने सब चुन-चुन,
निर्जन में प्रिय के गिन-गिन गुण,
गूथ निपुण कर से उनको सुन,

पहनाया था हार—
इसलिये करते हैं वे प्यार।"

कनक ने कल्याण में भरकर इमन गाया। नीचे कई सौ आदमी मंत्र-मुग्ध-से खड़े हुए सुन रहे थे। गाने से प्रसन्न हो सर्वेश्वरी भी अपने कमरे से उठकर कनक के पास आकर बैठ गई। गाना समाप्त हुआ। सर्वेश्वरी ने प्यार से कन्या का चिंतित मुख चूम लिया।

नीचे से एक नौकर ने आकर कहा, विजयपुर के कुँवर साहब के यहाँ से एक बाबू आए हैं, कुछ बातचीत करना चाहते हैं।

सर्वेश्वरी नीचे अपने दो मंजिलेवाले कमरे में उतर गई। यह कनक का कमरा था। अभी थोड़े ही दिन हुए, कनक के लिये सर्वेश्वरी ने सजाया है।

कुछ देर बाद सर्वेश्वरी ऊपर आई। कनक से कहा, कुँवर साहब, विजयपुर, तुम्हारा गाना सुनना चाहते हैं।

"मेरा गाना सुनना चाहते हैं?' कनक सोचने लगी। "अम्मा!" कनक ने कहा—' मैं रईसों की महफ़िल में गाना नहीं गाऊँगी।"

"नहीं, वे यहीं आएँगे। बस, दो-चार चीजें सुना दो। तबियत अच्छी न हो, तो कहो, कह दें, और कभी आएँगे।"

"अच्छा अम्मा, किसी पत्ते पर, क़ीमती—खूबसूरत पत्ते पर पड़ी हुई, ओस की बूँद अगर हवा के झोंके से जमीन पर

गिर जाय, तो अच्छा या प्रभात के सूरज से चमकती हुई उसकी किरणों से खेलकर फिर अपने मकान, आकाश को चली जाय, तो अच्छा ?"

"दोनो अच्छे हैं उसके लिये। हवा के झूलें का आनंद किरणों से हँसने में नहीं, वैसे ही किरणों से हँसने का आनंद हवा के झूले में नहीं। और, घर तो वह पहुँच ही जाती है, गिरे या डाल ही पर सूख जाय।"

"पर अगर हवा में झूलने से पहले ही वह सूखकर उड़ गई हो ?"

"तब तो बात ही और है।"

"मैं उसे यथार्थ रंगीन पंखोंवाली परी मानती हूँ।"

"क्या तू खुद ऐसी ही परी बनना चाहती है ?"

"हाँ अम्मा, मैं कला को कला की दृष्टि से देखती हूँ। उससे अर्थ-प्राप्ति करना उसके महत्त्व को घटा देना नहीं ?"

"ठीक है, पर यह एक प्रकार बदला है। अर्थवाले अर्थ देते हैं, और कला के जानकर उसका आनंद। संसार में एक-दूसरे से ऐसा ही संबंध है।"

"कला के ज्ञान के साथ-ही-साथ कुछ ऐसी गंदगी भी हम लोगों के चरित्र में रहती है, जिससे मुझे सख्त नफ़रत है।"

माता चुप रही। कन्या के विशद अभिप्राय को ताड़कर कहा—"तुम इससे बची हुई भी अपने ही जीने से छत पर

जा सकती हो, जहाँ सबकी तरह तुम्हें भी आकाश तथा प्रकाश का बराबर अंश मिल सकता है।"

"मैं इतना यह सब नहीं समझती। समझती भी हूँ, तो भी मुझे कला को एक सीमा में परिणत रखना अच्छा लगता है। ज्यादा विस्तार से वह कलुषित हो जाती है, जैसे बहाव का पानी, उसमें गंदगी डालकर भी लोग उसे पवित्र मानते हैं। पर कुएँ के लिये यह बात नहीं। स्वास्थ्य के विचार से कुँए का पानी बहते हुए पानी से बु । नहीं। विस्तृत व्याख्या तथा अधिक बढ़ाव के कारण अच्छे-से-अच्छे कृत्य बुरे धब्बों से रँगे रहते हैं।"

"प्रवृत्ति के वशीभूत होकर पश्चात् लोग अनर्थ करने लगते हैं। यही अत्याचार धार्मिक अनुष्ठानों में प्रत्यक्ष हो रहा है। पर बृहत् अपनी महत्ता में बृहत् ही है। बहाव और कुएँवाली बात जँचकर फीकी रही।"

"अम्मा, बात यह, तुम्हारी कनक अब तुम्हारी नहीं रही। उसके सोने के हार में ईश्वर ने एक नीलम जड़ दिया है।"

सर्वेश्वरी ने तअज्जुब की निगाह से कन्या को देखा। कुछ-कुछ उसका मतलब वह समझ गई। पर उसने कन्या से पूछा—"तुम्हारे कहने का क्या मतलब ?"

"यह।"

कनक ने हाथ की एक चूड़ी, कलाई उठाकर, दिखाई।

सर्वेश्वरी हँसने लगी।

"तमाशा कर रही है ? यह कौन-सा खेल ?"

"नहीं अम्मा।" कनक गंभीर हो गई, चेहरे पर एक प्रकार स्थिर प्रौढ़ता झलकने लगी—"मैं ठीक कहती हूँ, मैं ब्याही हुई हूँ, अब मैं महफ़िल में गाना नहीं गाऊँगी। अगर कहीं गाऊँगी भी, तो खूब सोच-समझकर, जिससे मुझे संतोष रहे।"

सर्वेश्वरी एक दृष्टि से कनक को देखती रही।

"यह विवाह कब हुआ, और किससे हुआ ? किया किसने ?"

"यह विवाह आपने किया, ईश्वर की इच्छा से, कोहनूर-स्टेज पर, कल, हुआ, दुष्यंत का पार्ट करनेवाले राजकुमार के साथ, शकुंतला सजी हुई तुम्हारी कनक का। ये चूड़ियाँ (एक-एक दोनो हाथों में) इस प्रमाण की रक्षा के लिये मैंने पहन लीं। और देखो"—कनक ने ज़रा-सी सेंदुर की एक बिंदी सिर पर लगा ली थी, "अम्मा, यह एक रहस्य हो गया। राजकुमार को—"

माता ने बीच ही में हँसकर कहा—"सुहागिनें अपने पति का नाम नहीं लिया करतीं।"

"पर मैं लिया करूँगी। मैं कुछ घूँघट काढ़नेवाली सुहागिन तो हूँ नहीं; कुछ पैदायशी स्वतंत्र हक़ मैं अपने साथ रक्खूँगी। नहीं तो कुछ दिक़्क़त पड़ सकती है। गाने-बजाने पर भी मेरा ऐसा ही विचार रहेगा। हाँ, राजकुमार को तुम नहीं जानतीं, इन्हीं ने मुझे इडन-गार्डेन में बचाया था।"

कन्या की भावना पर, ईश्वर के विचित्र घटनाओं के भीतर से इस प्रकार मिलाने पर, कुछ देर तक सर्वेश्वरी सोचती रहीं। देखा, उसके हृदय के कमल पर कनक की इस उक्ति की किरण सूर्य की किरण की तरह पड़ रही थी, जिससे आप-ही-आप उसके सब दल प्रकाश की ओर खुलते जा रहे थे। तरंगों से उसका स्नेह-समुद्र कनक के रेखा-तट को छाप जाने लगा। एकाएक स्वाभाविक परिवर्तन को प्रत्यक्ष कर सर्वेश्वरी ने अप्रिय विरोधी प्रसंग छोड़ दिया। हवा का रुख़ जिस तरफ़ हो, उसी तरफ़ नाव को बहा ले जाना उचित है, जब कि लक्ष्य केवल सैर है, कोई गम्य स्थान नहीं।

हँसकर सर्वेश्वरी ने पूछा—"तुम्हारा इस प्रकार स्वयंवरा होना उन्हें भी मंजूर है न, या अंत तक शकुंतला ही की दशा तुम्हें भोगनी होगी? और वे तो क़ैद भी हो गए हैं?"

कनक संकुचित लज्जा से द्विगुणित हो गई। कहा—"मैंने उनसे तो इसकी चर्चा नहीं की। करना भी व्यर्थ। इसे मैं अपनी ही हद तक रक्खूँगी। किसके कैसे ख़यालात हैं, मुझे क्या मालूम? अगर वे मुझे मेरे कुल का विचारकर ग्रहण न करें, तो इस तरह का अपमान बरदाश्त कर जाना मेरी शक्ति से बाहर है। वे क़ैद शायद उसी मामले में हुए हैं।"

"उनके बारे में और भी कुछ तुम्हारा समझा हुआ है?"

"मैं और कुछ भी नहीं जानती अम्मा। पर कल तक......

सोचती हूँ, थानेदार को बुलाकर कुल बातें पूछूँ। और पता लगाकर भी देखूँ कि क्या कर सकती हूँ।"

सर्वेश्वरी ने कुँवर साहब के आदमियों के पास कहला भेजा कि कनक की तबियत अच्छी नहीं, इसलिये किसी दूसरे दिन गाना सुनने की कृपा करें।

(६)

बड़ा बाजार थाने में एक पत्र लेकर नौकर दारोग़ाजी के पास गया। दारोग़ाजी बैठे हुए एक मारवाड़ी को किसी काम में शहादत के लिये समझा रहे थे कि उनके लिये और खास तौर से सरकार के लिये यह इतना-सा काम कर देने से वे मारवाड़ी महाशय को कहाँ तक पुरस्कृत कर सकते हैं, सरकार की दृष्टि में उनकी कितनी इज्जत होगी, और आर्थिक उन्हें कितने बड़े लाभ की संभावना है। मारवाड़ी महाशय बड़े नम्र शब्दों में, डरे हुए, पहले तो इनकार कर रहे थे, पर दारोग़ाजी की वक्तृता के प्रभाव से अपने भविष्य के चमकते हुए भाग्य का काल्पनिक चित्र देख-देख, पीछे से हाँ-ना के बीच खड़े हुए मन-ही-मन हिल रहे थे, कभी इधर, कभी उधर। उसी समय कनक के जमादार ने खत लिए हुए ही घुटनों तक झुककर सलाम किया। दारोग़ा साहब ने "आज तखत बैठो दिल्लीपति नर" की नजर से क्षुद्र जमादार को देखा। बढ़कर उसने चिट्ठी दे दी।

दारोग़ाजी उसी समय चिट्ठी को फाड़कर पढ़ने लगे।

पढ़ते हुए मुस्किराते जाते थे। पढ़कर जेब में हाथ डाला। एक नोट पाँच रुपए का था। नौकर को दे दिया। कहा तुम चलो। कह देना, हम अभी आए। अँगरेजी में पत्र यों था—

३, बहूबाज़ार स्ट्रीट, कलकत्ता

३—४—१८

प्रिय दारोग़ा साहब,

आपसे मिलना चाहती हूँ। जब से स्टेज पर से आपको देखा—आहा! कैसी ग़ज़ब की आपकी आँखें—दोबारा जब तक नहीं देखती, मुझे चैन नहीं। क्या आप कल नहीं मिलेंगे?

आप ही की

कनक

थानेदार साहब ख़ूबसूरत नहीं थे। पर उन्हें उस समय अपने सामने शाहज़ादे सलीम का रंग भी फीका और किसी परीज़ाद की आँखें भी छोटी जान पड़ीं। तुरत उन्होंने मारवाड़ी महाशय को बिदा कर दिया। तहक़ीक़ात करने के लिये मछुआ बाज़ार जाना था, काम छोटे थानेदार के सिपुर्द कर दिया, यद्यपि वहाँ बहुत-से रुपए गुंडों से मिलनेवाले थे। उठकर कपड़े बदले और सादी सफ़ेद पोशाक में वह बाज़ार की सैर करने चल पड़े। पत्र जेब में रखने लगे, तो फिर उन्हें अपनी आँखों की बात याद आई। झट शीशे के सामने जाकर खड़े हो गए, और तरह-तरह से मुँह बना-

बनाकर, आँखें फाड़-फाड़कर देखने लगे। उनके मन को, उस सूरत से, उन आँखों से, तृप्ति न थी ; पर जबरन मन को अच्छा लगा रहे थे। दस मिनट तक इसी तरह सूरत देखते रहे। शीशे के सामने वैसलीन ज़्यादा-सा पोत लिया। मुँह धोया। पाउडर लगाया। एसेंस छिड़का। फिर आईने के सामने खड़े हो गए। मन को फिर न अच्छा लगा। पर जोर दे-देकर अपने को अच्छा साबित करते रहे। कनक के मंत्र ने स्टेज पर ही इन्हें वशीभूत कर लिया था। अब पत्र भी आया, और वह भी प्रणय-पत्र के साथ-साथ प्रशंसा-पत्र, उनकी विजय का इससे बड़ा और कौन-सा प्रमाण होता ? कहाँ उन्हें ही उसके पास प्रणय की भिक्षा के लिये जाना था, कहाँ वही उनके प्रेम के लिये, उनकी जादू-भरी निगाह के लिये पागल है। उस पर भी उनका मन उन्हें सुंदर नहीं मानता। यह उनके लिये सहन कर जानेवाली बात थी ? एक कांस्टेबुल को टैक्सी ले आने के लिये भेज दिया था। बड़ी देर से खड़ी हुई टैक्सी हार्न कर रही थी, पर उस समय वे अपने बिगड़े हुए मन से लड़ रहे थे। कांस्टेबुल ने आकर कहा, दारोग़ाजी, बड़ी देर से टैक्सी खड़ी है। आपने छड़ी उठाई, और थाने से बाहर हो गए। सड़क पर टैक्सी खड़ी थी। बैठ गए, कहा, बहूबाज़ार। ड्राइवर बहूबाज़ार चल दिया। जब ज़करिया स्ट्रीट के बराबर टैक्सी पहुँची, तब आपको याद आई कि टोपी भूल गए। कहा, अरे ड्राइवर,

भई जरा फिर थाने चलो। गाड़ी फिर थाने आई। आप अपने कमरे से टोपी लेकर फिर टैक्सी पर पहुँचे। टैक्सी बहूबाजार चली।

तीन नंबर के आलीशान मकान के नीचे टैक्सी खड़ी हो गई। पुरस्कृत जमादार ने लौटकर अपने पुरस्कार का हाल कनक से कह दिया था। कनक ने उसे ही द्वार पर दारोग़ा साहब के स्वागत के लिये रक्खा था, और समझा दिया था, बड़े अदब से, दो मंजिलेवाले कमरे में, जिसमें मैं पढ़ती थी, बैठाना, और तब मुझे खबर देना। जमादार ने सलाम कर थानेदार साहब को उसी कमरे में ले जाकर एक कोच पर बैठाया, और फिर ऊपर कनक का खबर देने के लिये गया।

उस कमरे में, शीशेदार अलमारियों में, कनक की किताबें रक्खी थीं। उनकी जिल्दों पर सुनहरे अक्षरों से किताबों के नाम लिखे हुए थे। दारोग़ाजी विद्या की तौल में कनक को अपने से जितना छोटा, इसलिये अमान्य समझ रहे थे, उन क़िताबों की तरफ़ देखकर उसके प्रति उनके दिल में कुछ इज्ज़त पैदा हो गई। उसकी विद्या की मन-ही-मन बैठे हुए थाह ले रहे थे।

कनक ऊपर से उतरी। साधारणतः जैसी उसकी सज्जा मकान में रहती थी, वैसी ही थी, सभ्य तरीक़े से एक जरी की किनारीदार देशी साड़ी, लेडी मोज़ और जूते पहने हुए।

कनक को आते देखकर थानेदार साहब खड़े हो गए। कनक ने हँसकर कहा—"गुड मॉर्निंग।" थानेदार कुछ झेंप गए। डरे कि कहीं बातचीत का सिलसिला अँगरेजी में इसने चलाया, तो नाक ही कटेगी। इस व्याधि से बचने के लिये उन्होंने स्वयं ही हिंदी में बातचीत छेड़ी—"आपका नाटक कल देखा, मैं सच कहता हूँ, ईश्वर जाने, ऐसा नाटक जिंदगी-भर मैंने नहीं देखा।"

"आपको पसंद आया, मेरे भाग्य। माजी तो उसमें तरह-तरह की त्रुटियाँ निकालती हैं। कहती हैं, अभी बहुत कुछ सीखना है—तारीफ़वाली कोई बात नहीं हुई।"

कनक ने रुख बदल दिया। सोचा, इस तरह व्यर्थ ही समय नष्ट करना होगा।

"आप हम लोगों के यहाँ जलपान करने में शायद संकोच करें ?"

मोटी हँसी हँसकर दारोगा ने कहा—"संकोच ? संकोच का तो यहाँ नाम नहीं और फिर तु—आ—आपके यहाँ।"

कनक ने दारोगाजी को पहचान लिया। उसने नौकर को आवाज़ दी। नौकर आया। उससे खाना लाने के लिये कहकर, आलमारी से, खुद उठकर एक रेडलेब्ल और दो बोतलें लेमोनेड की निकालीं।

शीशे के एक ग्लास में एक पेग शराब ढालते हुए कनक ने कहा—"आप मुझे तुम ही कहें। कितना मधुर शब्द है

तुम! 'तुम' मिलानेवाला है, 'आप' शिष्टता की तलवार से दो जुड़े हुओं को काटकर जुदा कर देनेवाला।"

दारोग़ाजी बाग़-बाग़ हो गए। बादल-से काले मुँह की हँसी में सफ़ेद दाँतों की कतार बिजली की तरह चमक उठी। कनक ने बड़े ज़ोर से सिर गड़ाकर हँसी रोकी।

थानेदार साहब की तरफ़ अपने जीवन का पहला ही कटाक्ष कर कनक ने देखा, तीर अचूक बैठा। पर उसके कलेजे में बिच्छू डंक मार रहे थे।

कनक ने ग्लास में लेमोनेड कुछ डालकर थानेदार साहब को दिया। उन्होंने हाँ-ना बिना किए ही लेकर पी लिया।

कनक ने दूसरा पेग ढाला। उसे भी पी गए। तीसरा ढाला, उसे भी पी लिया।

तब तक नौकर खाना लेकर आ गया। कनक ने सहूलियत से मेज़ पर रखवा दिया।

थानेदार साहब ने कहा—"अब मैं तुम्हें पिलाऊँ?"

कनक ने भौंहें चढ़ा लीं। "आज शाम को नवाब साहब मुर्शिदाबाद के यहाँ मेरा मोजरा है, माफ़ कीजिएगा। किसी दूसरे दिन आइएगा, तब पिऊँगी। पर मैं शराब नहीं पीती, पोर्ट पीती हूँ। आप मेरे लिये एक लेते आइएगा।"

थानेदार साहब ने कहा—"अच्छा, खाना तो साथ खाओ।" कनक ने एक टुकड़ा उठाकर खा लिया। थानेदार भी खाने लगे। कनक ने कहा—"मैं नाश्ता कर चुकी हूँ,

माफ़ फ़र्माइएगा, बस।" उसने वहीं, नीचे रक्खे हुए, ताँबे के एक बड़े-से बर्तन में हाथ-मुँह धोकर डब्बे से निकालकर पान खाया। दारोग़ाजी खाते रहे। कनक ने डरते हुए चौथा पेग तैयार कर सामने रख दिया। खाते-खाते थानेदार साहब उसे भी पी गए। कनक उनकी आँखें देख रही थी।

थानेदार साहब का प्रेम धीरे-धीरे प्रबल रूप धारण करने लगा। शराब की जैसी वृष्टि हुई थी, उनकी नदी में वैसी ही बाढ़ भी आ गई। कनक ने पाँचवाँ पेग तैयार किया। थानेदार साहब भी प्रेम की परीक्षा में फ़ेल हो जानेवाले आदमी नहीं थे। उन्होंने इनकार नहीं किया। खाना खा चुकने के बाद नौकर ने उनके हाथ धुला दिए।

धीरे-धीरे उनके शब्दों में प्रेम का तूफ़ान उठ चला। कनक डर रही थी कि वह इतना सब सहन कर सकेगी या नहीं। वह उन्हें माता की बैठक में ले गई। सर्वेश्वरी दूसरे कमरे में चली गई थी।

गद्दी पर पड़ते ही थानेदार साहब लंबे हो गए। कनक ने हारमोनियम उठाया। बजाते हुए पूछा—"वह जो कल दुष्यंत बना था, उसे गिरफ़्तार क्यों किया आपने, कुछ समझ में नहीं आया।"

"उससे हैमिल्टन साहब सख्त नाराज हैं। उस पर बदमाशी लगाई गई है।" करवट बदलकर दारोग़ाजी ने कहा।

"ये हैमिल्टन साहब कौन हैं ?"

"ये सुपरिंटेंडेंट पुलिस हैं।"

"कहाँ रहते हैं?" कनक ने एक गत का एक चरण बजाकर पूछा।

"रौडन स्ट्रीट नं० ५ इन्हीं का बँगला है।"

"क्या राजकुमार को सज़ा हो गई?"

"नहीं, कल पेशी है, पुलिस की शहादत गुज़र जाने पर सज़ा हो जायगी।"

"मैं तो बहुत डरी, जब आपको वहाँ देखा।"

आँखें मूँदे हुए दारोग़ाजी मूछों पर ताव देने लगे।

कनक ने कहा—"पर मैं कहूँगी, आपके-जैसा ख़ूबसूरत जवान बना-चुना मुझे दूसरा नहीं नज़र आया।"

दारोग़ाजी उठकर बैठ गए। इसी सिलसिले में प्रासंगिक-अप्रासंगिक, सुनने-लायक़, न-सुनने-लायक़ बहुत-सी बातें कह गए। धीरे-धीरे लड़कर आए हुए भैंसे की आँखों की तरह आँखें ख़ून हो चलीं। भले-बुरे की लगाम मन के हाथ से छूट गई। इस अनर्गल शब्द-प्रवाह को बेहोश होने की घड़ी तक रोक रखने के अभिप्राय से कनक गाने लगी।

गाना सुनते-ही-सुनते मन विस्मृति के मार्ग से अंधकार में बेहोश हो गया।

कनक ने गाना बंद कर दिया। उठकर दारोग़ाजी के पॉकेट की तलाशी ली। कुछ नोट थे, और उसकी चिट्ठी। नोटों को उसने रहने दिया, और चिट्ठी निकाल ली।

कमरे में तमाम दरवाजे बंद कर ताली लगा दी।

(७)

कनक घबरा उठी। क्या करे, कुछ समझ में नहीं आ रहा था। राजकुमार को जितना ही सोचती, चिंताओं की छोटी-बड़ी अनेक तरंगों, आवर्तों से मन मथ जाता। पर उन चिंताओं के भीतर से उपाय की कोई भी मणि नहीं मिल रही थी, जिसकी प्रभा उसके मार्ग को प्रकाशित करती। राजकुमार के प्रति उसके प्रेम का यह प्रखर बहाव, बँधी हुई जल-राशि से छूटकर अनुकूल पथ पर बह चलने की तरह, स्वाभाविक और सार्थक था। पहले ही दिन, उसने राज-कुमार के शौर्य का जैसा दृश्य देखा था, उसके सबसे एकांत स्थान पर, जहाँ तमाम जीवन में मुश्किल से किसी का प्रवेश होता है, पत्थर के अक्षरों की तरह उसका पौरुष चित्रित हो गया था। सबसे बड़ी बात जो रह-रहकर उसे याद आती थी, वह राजकुमार की उसके प्रति श्रद्धा थी। कनक ने ऐसा चित्र तब तक नहीं देखा था। इसीलिये उस पर राजकुमार का स्थायी प्रभाव पड़ गया। माता की केवल जबानी शिक्षा इस प्रत्यक्ष उदाहरण के सामने पराजित हो गई। और, वह जिस तरह की शिक्षा के भीतर से आ रही थी, परिचय के पहले ही प्रभात में किसी मनोहर दृश्य पर उसकी दृष्टि का बँध जाना, अटक जाना, उसके उस जीवन की स्वच्छ अबाध प्रगति का उचित परिणाम ही हुआ। उसकी माता शिक्षित तथा समझदार

थी। इसीलिये उसने कन्या के सबसे प्रिय जीवनोन्मेष को बाहरी आवरण द्वारा ढक देना उसकी बाढ़ के साथ ही जीवन की प्रगति को भी रोक देना समझा था।

सोचते-सोचते कनक को याद आया, उसने साहब की जेब से एक चिट्ठी निकाली थी, फिर उसे अपनी फ़ाइल में रख दिया था। वह तुरंत चलकर फ़ाइल की तलाशी लेने लगी। चिट्ठी मिल गई।

साहब की जेब से वह राजकुमार की चिट्ठी निकाल लेना चाहती थी, पर हाथ एक दूसरी चिट्ठी लगी। उस समय घबराहट में वहीं उसने पढ़कर नहीं देखा। घर में खोला, तो काम की बातें न मिलीं। उसने चिट्ठी को फ़ाइल में नत्थी कर दिया। उसने देखा था, युवक ने पेंसिल से पत्र लिखा है। पर यह स्याही से लिखा गया था। इसकी बातें भी उस सिलसिले से नहीं मिलती थीं। इस तरह, ऊपरी दृष्टि से देखकर ही, उसने चिट्ठी रख दी। आज निकालकर फिर पढ़ने लगी। एक बार, दो बार, तीन बार पढ़ा। बड़ी प्रसन्न हुई। यह वही हैमिल्टन साहब थे। वे हों, न हों, पर यह पत्र हैमिल्टन साहब ही के नाम लिखा था, उसके एक दूसरे अँगरेज़ मित्र मिस्टर चर्चिल ने। मज़मून रिश्वत और अन्याय का, कनक की आँखें चमक उठीं।

इस कार्य की सहायता की बात सोचते ही उसे श्रीमती कैथरिन की याद आई। अब कनक पढ़ती नहीं, इसीलिये

श्रीमती कैथरिन का आना बंद है। कभी-कभी आकर मिल जाती, मकान में पढ़ने की किताबें पसंद कर जाया करती हैं। कैथरिन अब भी कनक को वैसे ही प्यार करती हैं। कभी-कभी पश्चिमी आर्ट, संगीत और नृत्य की शिक्षा के लिये साथ योरप चलने की चर्चा भी करती हैं। सर्वेश्वरी की उसे योरप भेजने की इच्छा थी। पर पहले वह अच्छी तरह उसे अपनी शिक्षा दे देना चाहती थी।

कनक ने ड्राइवर को मोटर लगाने के लिये कहा। कपड़े बदलकर चलने के लिये तैयार हो गई।

मोटर पर बैठकर ड्राइवर से पार्क-स्ट्रीट चलने के लिये कहा।

कितनी व्यग्रता! जितने भी दृश्य आँखों पर पड़ते हैं, जैसे बिना प्राणों के हों। दृष्टि कहीं भी नहीं ठहरती। पलकों पर एक ही स्वप्न संसार की अपार कल्पनाओं से मधुर हो रहा है। व्यग्रता ही इस समय यथार्थ जीवन है, और सिद्धि के लिये वेदना के भीतर से काम्य साधना। अंतर्जगत् के कुल अंधकार को दूर करने के लिये उसका एक ही प्रदीप पर्याप्त है। उसके हृदय की लता को सौंदर्य की सुगंध से भर रखने के लिये उसका एक ही फूल बस है। तमाम भावनाओं के तार अलग-अलग स्वरों में झंकार करते हैं। उसकी रागिनी से एक ही तार मिला हुआ है। असंख्य तारा्ओं की उसे आवश्यकता नहीं, उसके झरोखे से एक ही चंद्र की किरण

उसे प्रिय है। तमाम संसार जैसे अनेक कलरवों के बुद्बुद-गीतों से समुद्वेलित क्षुब्ध और पैरों को स्खलित कर बहा ले जानेवाला विपत्ति-संकुल है। एक ही बए को हृदय से लगा तैरती हुई वह पार जा सकेगी। सृष्टि के सब रहस्य इस महाप्रलय में डूब गए हैं, उसका एक ही रहस्य, तपस्या से प्राप्त अमर वर की तरह, उसके साथ संबद्ध है। शंकित दृष्टि से वह इस प्रलय को देख रही है।

पार्क स्ट्रीट आ गया। कैथरिन के मकान के सामने गाड़ी खड़ी करवा कनक उतर पड़ी। नौकर से ख़बर भेज दी। कैथरिन अपने बँगले से निकल आई, और बड़े स्नेह से कनक को भीतर ले गई।

कैथरिन से कनक की अँगरेज़ी में बातचीत होती थी। आने का कारण पूछने पर कनक ने साधारण कुल क़िस्सा बयान कर दिया। कैथरिन सुनकर पहले कुछ चिंतित हो गई। फिर क्या सोचकर मुस्किराई। प्रेम की सरल बातों से उसे बड़ा आनंद हुआ। "तुम्हारा विवाह चर्च में नहीं, थिएटर में हुआ; तुमने एक नया काम किया।" उसने कनक को इसके लिये धन्यवाद दिया।

"कल पेशी है" कनक उत्तर-प्राप्ति की दृष्टि से देख रही थी।

"मेरे विचार से मिस्टर हैमिल्टन के पास इस समय जाना ठीक नहीं। वे ऐसी हालत में बहुत बड़ा ज़ोर कुछ दे नहीं

सकते। और, उन पर इस पत्र से एक दूसरा मुक़द्दमा चल सकता है। पर यह सब मुफ़्त ही दिक़्क़त बढ़ाना है। अगर आसानी से अदालत का काम हो जाय, तो इतनी परेशानी से क्या फ़ायदा?"

"आसानी से अदालत का काम कैसे?"

"तुम मकान जाओ, मैं हैमिल्टन को लेकर आती हूँ, मेरी उनकी अच्छी जान-पहचान है। ख़ूब सजकर रहना और अँगरेज़ी तरीक़े से नहीं, हिंदोस्तानी तरीक़े से।" कहकर कैथरिन हँसने लगी।

आचार्या से मुक्ति का अमोघ मंत्र मिलते ही कनक ने भी परी की तरह अपने सुख के काल्पनिक पंख फैला दिए।

कैथरिन गैरेज में अपनी गाड़ी लेने चली गई, कनक रास्ते पर टहलती रही।

कैथरिन हँसती हुई, "जल्दी जाओ" कहकर रोडन-स्ट्रीट की तरफ़ चली; कनक बहूबाज़ार की तरफ़।

घर में कनक माता से मिली। सर्वेश्वरी को दारोग़ा की गिरफ़्तारी से कुछ भय था। पर कनक की बातों से उसकी शंका दूर हो गई। कनक ने माता को अच्छी तरह, थोड़े शब्दों में, समझा दिया। माता से उसने कुल ज़ेवर पहना देने के लिये कहा, सर्वेश्वरी हँसने लगी। नौकर को बुलाया। ज़ेवर का बाक्स उठवा तिमंज़िले पर कनक के कमरे को चली।

सब रंगों की रेशमी साड़ियाँ थीं। कनक के स्वर्ण-रंग को दोपहर की आभा में कौन-सा रंग ज्यादा खिला सकता है, सर्वेश्वरी इसकी जाँच कर रही थी। उसकी देह से सटा-सटाकर उसकी और साड़ियों की चमक देखती थी। उसे हरे रंग की साड़ी पसंद आई। पूछा—"बता सकती हो, इस समय यह रंग क्यों अच्छा होगा?"

"ऊहूँ" कनक प्रश्न और कौतुक की नज़र से देखने लगी।

"तेज धूप में हरे रंग पर नजर ज्यादा बैठती है, उसे आराम मिलता है।"

उस बेशक़ीमत कामदार साड़ी को निकालकर रख लिया। कनक नहाने चली गई।

माता एक-एक सब बहुमूल्य हीरे-पन्ने-पुखराज के जड़ाऊ जेवर निकाल रही थी; कनक नहाकर धूप में चारदीवार के सहारे, पीठ के बल खड़ी, बाहर बालों को खोले हुए सुखा रही थी। मन राजकुमार के साथ अभिनय के सुख की कल्पना में लीन था। वह अभिनय को प्रत्यक्ष की तरह देख रही थी, उन्होंने कहा है, सोचती, मैं तुम्हें कभी नहीं भूलूँगा। अमृत से सर्वांग तर हो रहा था। बाल सूख गए, वह खड़ी ही रही।

माता ने बुलाया। ऊँची आवाज़ से कल्पना की तंद्रा छूट गई। वह धीरे-धीरे माता के पास चली।

सर्वेश्वरी कन्या को सजाने लगी। पैर, कमर, कलाई, बाजू, वक्ष, गला और मस्तक अलंकारों से चमक उठे। हरी साड़ी के ऊपर तथा भीतर से रत्नों के प्रकाश की छटा, छुरियों-सी निकलती हुई, किरणों के बीच उसका सुंदर, सुडौल चित्र-सा खिंचा हुआ मुख, एक नजर आपाद-मस्तक देखकर माता ने तृप्ति की साँस ली।

कनक एक बड़े आईने के सामने जाकर खड़ी हो गई। देखा, राजकुमार की याद आई, कल्पना में दोनो की आत्माएँ मिल गईं; देखा आईने में वह हँस रही थी।

नीचे से आकर नौकर ने खबर दी, मेम साहब के साथ एक साहब आए हुए हैं।

कनक ने ले आने के लिये कहा।

कैथरिन ने हैमिल्टन साहब से कहा था कि उन्हें ऐसी एक सुंदरी भारतीय पढ़ी-लिखी युवती दिखाएँगी, जैसी उन्होंने शायद ही कहीं देखी हो, और वह गाती भी लाजवाब है, और अँगरेजों की ही तरह उसी लहजे में अँगरेजी भी बोलती है।

हैमिल्टन साहब, कुछ दिल से और कुछ पुलिस में रहने के कारण, सौंदर्योपासक बन गए थे। इतनी खूबसूरत पढ़ी-लिखी समझदार युवती से, बिना परिश्रम के ही, कैथरिन उन्हें मिला सकती हैं, ऐसा शुभ अवसर छोड़ देना उन्होंने किसी सुंदरी के स्वयंवर में बुलाए जाने पर भी लौट आना समझा।

कैथरिन ने यह भी कहा था कि आज अवकाश है, दूसरे दिन इतनी सुगमता से भेंट भी नहीं हो सकती। साहब तत्काल कैथरिन के साथ चल दिए थे। रास्ते में कैथरिन ने समझा दिया था कि किसी अशिष्ट व्यवहार से वह अँगरेज-जाति को कलंकित नहीं करेंगे, और यदि उसे अपने प्रेम में ला सकें, तो यह जाति के लिये गौरव की बात होगी। साहब दिल-ही-दिल प्रेम की परीक्षा में कैसे उत्तीर्ण होंगे, इसका प्रश्न-पत्र हल कर रहे थे। तब तक ऊपर से कनक ने बुला भेजा।

कैथरिन आगे-आगे, साहब पीछे-पीछे चले। साहब भी मर्दानी पोशाक से खूब लैस थे। चलते समय चमड़े के कलाई-बंद में बँधी हुई घड़ी देखी। बारह बज रहे थे।

नौकर दोनो को तिमंजिले पर ले गया। मकान देखकर साहब के दिल में अदेख सुंदरी के प्रति इज्जत पैदा हुई थी, कमरा देखकर साहब आश्चर्य में पड़ गए। सुंदरी को देखकर साहब के होश उड़ गए। दिल में कुछ घबराहट हुई। पर कैथरिन कनक से बातचीत करने लगी, तो कुछ सँभल गए। सामने दो कुर्सियाँ पड़ी थीं। कैथरिन और साहब बैठ गए। यों दूसरे दिन उठकर कनक कैथरिन से मिलती थी, पर आज वह बैठी ही रही। कैथरिन इसका कारण समझ गई। साहब ने इसे हिंदोस्तानी कुमारियों का ढंग समझा।

कनक ने सूरत से साहब को पहचान लिया। पर साहब उसे नहीं पहचान सके। तब से इस सूरत में साज के कारण बड़ा फ़र्क़ था।

साहब अनिमेष आँखों से उस रूप की सुधा पीते रहे। मन-ही-मन उन्होंने उसकी बड़ी प्रशंसा की। उसके लिये, यदि वह कहे तो, साहब सर्वस्व देने को तैयार हो गए। श्रीमती कैथरिन ने साहब को समझा दिया था कि उसके क़ई अँगरेज़ प्रेमी हैं, पर अभी उसका किसी पर प्यार नहीं हुआ, यदि वे उसे प्राप्त कर सकें, तो राजकन्या के साथ ही राज्य भी उन्हें मिल जायगा; कारण, उसकी मा की जायदाद पर उसी का अधिकार है।

कैथरिन ने कहा—"मिस, एक गाना सुनाओ, ये मि० हैमिल्टन पुलिस-सुपरिंटेंडेंट, २४ परगना, हैं, तुमसे मिलने के लिये आए हैं।"

कनक ने उठकर हाथ मिलाया। साहब उसकी सभ्यता से बहुत प्रसन्न हुए।

कनक ने कहा—"हम लोग पृथक्-पृथक् आसन से वार्तालाप करेंगे, इससे आलाप का सुख नहीं मिल सकता। साहब अगर पतलून उतार डालें, मैं उन्हें धोती दे सकती हूँ, तो संग-सुख की प्राप्ति पूरी मात्रा में हो। कुर्सी पर बैठकर पियानो, टेब्ल हारमोनियम बजाए जा सकते हैं, पर आप लोग यहाँ हिंदोस्तानी गीत ही सुनने के लिये आए हैं, तो

सितार और सुर-बहार से अच्छी तरह अदा होंगे, और उनका बजाना बराबर जमीन पर बैठकर ही हो सकता है।"

कनक ने अँगरेज़ी में कहा। कैथरिन ने साहब की तरफ़ देखा।

नायिका के प्रस्ताव के अनुसार ही उसे खुश करना चाहिए, साहब ने अपने साहबी ढर्रे से समझा, और उन्हें वहाँ दूसरे प्रेमियों से बढ़कर भी अपने प्रेम की परीक्षा देनी थी। उधर कैथरिन की मौन चितवन का मतलब भी उन्होंने यही समझा। साहब तैयार हो गए। कनक ने एक धुली ४८ इंच की बढ़िया धोती मँगा दी। साहब को कैथरिन ने धोती पहनना बता दिया। दूसरे कमरे से साहब धोती पहन आए, और कनक के बराबर, गद्दी पर, बैठ गए; एक तकिए का सहारा कर लिया।

कनक ने सुर-बहार मँगवा लिया। तार स्वर से मिलाकर पहले एक गत बजाई। स्वर की मधुरता के साथ-साथ साहब के मन में उस परी को प्राप्त करने की प्रतिज्ञा भी दृढ़ होती गई। कैथरिन ने बड़े स्नेह से पूछा—"यह किससे सीखा?—अपनी मा से?"

"जी हाँ।" कनक ने सिर झुका लिया।

"अब एक गाना गाओ, हिंदोस्तानी गाना; फिर हम जायँगे; हमको देर हो रही है।"

कनक ने एक बार स्वरों पर हाथ फेर लिया। फिर गाने लगी—

गाना

(सारंग)

याद रखना, इतनी ही बात।
नहीं चाहते, मत चाहो तुम,
मेरे अर्घ्य सुमन-दल नाथ।
मेरे वन में भ्रमण करोगे जब तुम,
अपना पथ-श्रम आर हरोगे जब तुम,
ढक लूँगी मैं अपने दृग-मुख,
छिपा रहूँगी गात—
याद रखना, इतनी ही बात।
सरिता के उस नीरव निर्जन तट पर,
आओगे जब मंद चरण तुम चलकर,
मेरे शून्य घाट के प्रति करुणाकर,
हेरोगे नित प्रात—
याद रखना, इतनी ही बात।
मेरे पथ की हरित लताएँ, तृण-दल,
मेरे श्रम-सिंचित, देखोगे, अचपल,
पलकहीन नयनों से तुमको प्रतिपल
हेरेंगे अज्ञात—
याद रखना, इतनी ही बात।

मैं न रहूँगी जब, सूना होगा जग,
समझोगे तब यह मंगल-कलरव सब,
था मेरे ही स्वर से सुंदर जगमग ;
चला गया सब साथ—
याद रखना, इतनी ही बात।

साहब एकटक मन की आँखों से देखते, हृदय के कानों से सुनते रहे। उस स्वर की सरिता अनेक तरंग-भंगों से बहती हुई जिस समुद्र से मिली थी, वहाँ तक सभी यात्राएँ पर्यवसित हो जाती थीं। श्रीमती कैथरिन ने पूछा—"कुछ आपकी समझ में आया?" साहब ने अनजान की तरह सिर हिलाया, कहा—"इनका स्वरों से खेलना मुझे बहुत पसंद आया। पर मैं गाने का मतलब नहीं समझ सका।"

कैथरिन ने मतलब थोड़े शब्दों में समझा दिया।

"हिंदोस्तानी भाषा में ऐसे भी गाने हैं?" साहब तअज्जुब करने लगे।

कनक को साहब देख रहा था, उसकी मुद्राएँ, भंगिमाएँ, गाने के समय, इस तरह अपने मनोभावों को व्यंजित कर रही थीं, जैसे वह स्वर के स्रोत में बहती हुई, प्रकाश के द्वार पर आ गई हो, और अपने प्रियतम से कुछ कह रही हो, जैसे अपने प्रियतम को अपना सर्वस्व पुरस्कार दे रही हो। संगीत के लिये कैथरिन ने कनक को धन्यवाद दिया, और साहब को अपने चलने का संवाद; साथ ही उन्हें समझा

दिया कि उनकी इच्छा हो, तो कुछ देर वह वहाँ ठहर सकते हैं। कनक ने सुर-बहार एक बग़ल रख दिया। एकांत की प्रिय कल्पना से, अभीप्सित की प्राप्ति के लोभ से साहब ने कहा—"अच्छा, आप चलें, मैं कुछ देर बाद आऊँगा।"

कैथरिन चली गई। साहब को एकांत मिला। कनक बात-चीत करने लगी।

साहब कनक पर कुछ अपना भी प्रभाव जतलाना चाहते थे, और दैवात् कनक ने प्रसंग भी वैसा ही छेड़ दिया, "देखिए, हम हिंदोस्तानी हैं, प्रेम की बातें हिंदी में कीजिए। आप २४ परगने के पुलिस-सुपरिंटेंडेंट हैं।"

"हाँ।" ठोढ़ी ऊँची करके साहब से जहाँ तक तनते बना, तन गए।

"आपकी शादी तो हो गई होगी?"

साहब की शादी हो गई थी। पर मेम साहब को कुछ दिन बाद आप पसंद नहीं आए, इसलिये इनके भारत आने से पहले ही वह इन्हें तलाक दे चुकी थीं, एक साधारण-से कारण को बहुत बढ़ाकर, पर यहाँ साहब साफ़ इनकार कर गए, और इसे ही उन्होंने प्रेम बढ़ाने का उपाय समझा।

"अच्छा, अब तक आप अविवाहित हैं? आपसे किसी का प्रेम नहीं हुआ?"

"हमको अभी टक कोई पसंड नहीं आया। हम टुमको पसंड करटा है।" साहब कुछ नज़दीक खिसक गए।

कनक डरी। उपाय एक ही उसने आज़माया था, और उसी का उपयोग वह साहब के लिये भी कर बैठी।

"शराब पीजिएगा? हमारे यहाँ शराब पिलाने की चाल है।"

साहब पीछे क़दम रखनेवाले न थे। उन्होंने स्वीकार कर लिया। कनक ने ईश्वर को धन्यवाद दिया।

नौकर से शराब और सोडावाटर मँगवा लिया।

"तो अब तक किसी को नहीं प्यार किया?—सच कहिएगा।"

"हम सच बोलटा, किसी को नहीं।"

साहब को तैयार कर एक ग्लास में उसी तरह दिया। साहब बड़े अदब से पी गए। दूसरा, तीसरा, चौथा। पाँचवें ग्लास पर इनकार कर गए। अधिक शराब जल्दी में पी जाने से नशा बहुत तेज़ होता है। यह कनक जानती थी। इसीलिये वह फुर्ती कर रही थी। उधर साहब को भी अपनी शराब-पाचन-शक्ति का परिचय देना था, साथ ही अपने अकृत्रिम प्रेम की परीक्षा।

कनक ने सोचा, भूत-सिद्ध की तरह, हमेशा भूत को एक काम देते रहना चाहिए। नहीं तो, कहा गया है, वह अपने साधक पर ही सवारी कस बैठता है।

कनक ने तुरंत फ़र्माया—"कुछ गाओ और नाचो, मैं तुम्हारा नाच देखना चाहती हूँ।"

"टब टुम बी आओ, हिंया डांसिंग-स्टेज कहाँ?"

"यहीं नाचो, मुझे नाचना नहीं आता, मैं तो सिर्फ़ गाती हूँ।"

"अच्छा, टुम बोलटा, टो हम नाच सकटा।"

साहब अपनी भोंपू-आवाज़ में गाने और नाचने लगे। कनक देख-देखकर हँस रही थी। कभी-कभी साहब का उत्साह बढ़ाती—बहुत अच्छा हो रहा है।

साहब की नज़र पिआनो पर पड़ी। कहा—"डेक्खो, आबी हम पिआनो बजाटा, फिर टुम कहेगा, टो हम नाचेगा।"

"अच्छा बजाओ।"

साहब पिआनो बजाने लगे। कनक ने तब तक अँगरेज़ी गीतों का अभ्यास नहीं किया था। उसे, कविता के यतिभंग की तरह, सब स्वरों का सम्मिलित विद्रोह असह्य हो गया। उसने कहा—"साहब, हमें तुम्हारा नाचना गाने से ज़्यादा पसंद है।"

साहब अब तक औचित्य की रेखा पार कर चुके थे। आँखें लाल हो रही थीं। प्रेमिका को नाच पसंद है, सुनकर बहुत ही ख़ुश हुए, और शीघ्र ही उसे प्रसन्न कर वर प्राप्त कर लेने की लालसा से नाचने लगे।

नौकर ने बाहर से संकेत किया। कनक उठ गई। नौकर को इशारे से आदेश दे लौट आई।

धड़-धड़-धड़ कई आदमी ज़ीने पर चढ़ रहे थे। आगंतुक बिलकुल कमरे के सामने आ गए। हैमिल्टन को नाचते हुए देख लिया। हैमिल्टन ने भी देखा, पर उस दूसरे को परवा न की, नाचते ही रहे।

"ओ! तुम दूसरे हो, रॉबिंसन!" हैमिल्टन ने पुकारकर कहा।

"नहीं, मैं चौथा हूँ" रॉबिंसन ने बढ़ते हुए जवाब दिया।

तितलियों-सी मूछें, लंबे तगड़े रॉबिंसन साहब मैजिस्ट्रेट थे। कैथरिन के पीछे कमरे के भीतर चले गए। कई और आदमी साथ थे। कुर्सियाँ खाली थीं, बैठ गए। कैथरिन ने कनक से रॉबिंसन साहब से हाथ मिलाने के लिये कहा। कहा—"यह मैजिस्ट्रेट हैं, तुम अपना कुल क़िस्सा इनसे बयान कर दो।"

हैमिल्टन को धोती पहने नाचता हुआ देख रॉबिंसन बारूद हो गए थे। कनक ने हैमिल्टन की जेब से निकाली हुई चिट्ठी साहब को दे दी। पहले ही आग में पेट्रोल पड़ गया। कनक कहने लगी—"एक दिन मैं इडेन-गार्डेन में तालाब के किनारेवाली बेंच पर अकेली बैठी थी। हैमिल्टन ने मुझे पकड़ लिया, और मुझे जैसे अशिष्ट

शब्द कहे, मैं कह नहीं सकती। उसी समय एक युवक वहाँ पहुँच गया। उसने मुझे बचाया। हैमिल्टन उससे बिगड़ गया, और उसे मारने के लिये तैयार हो गया। दोनो में कुछ देर हाथापाई होती रही। उस युवक ने हैमिल्टन को गिरा दिया, और कुछ रद्दे जमाए, जिससे हैमिल्टन बेहोश हो गया। तब उस युवक ने अपने रूमाल से हैमिल्टन का मुँह धो दिया, और सिर में उसी की पट्टी लपेट दी। फिर उसने एक चिट्ठी लिखी, और इनकी जेब में डाल दी। मुझसे जाने के लिये कहा। मैंने उससे पता पूछा। पर उसने नहीं बतलाया। वह हाईकोर्ट की राह चला गया। अपने बचाने-वाले का पता मालूम कर लेना मैंने अपना फ़र्ज़ समझा। इसलिये वहीं फिर लौट गई। चिट्ठी निकालने के लिये जेब में हाथ डाला। पर भ्रम से युवक की चिट्ठी की जगह यह चिट्ठी मिली। एकाएक कोहनूर-स्टेज पर मैं शकुंतला का अभिनय करने गई। देखा, वही युवक दुष्यंत बना था। थोड़ी ही देर में दारोग़ा सुंदरसिंह उसे गिरफ़्तार करने गया, पर दर्शक बिगड़ गए थे। इसलिये अभिनय समाप्त हो जाने पर गिरफ़्तार किया। राजकुमार का क़ुसूर कुछ नहीं, अगर है, तो सिर्फ़ यही कि उसने मुझे बचाया था।"

अक्षर-अक्षर साहब पर चोट कर रहे थे। कनक नें कहा—"और देखिए, यह हैमिल्टन के चरित्र का दूसरा पत्र।"

कनक ने दारोग़ा की जेब से निकाला हुआ दूसरा पत्र

भी साहब को दिखाया। इसमें हैमिल्टन के मित्र, सुपरिंटेंडेंट मिस्टर मूर ने दारोग़ा को बिला वजह राजकुमार को गिरफ़्तार कर बदमाशी के सुबूत दिलाकर सज़ा करा देने के लिये लिखा था। उसमें यह भी लिखा था कि इस काम से तुम्हारे ऊपर हम और हैमिल्टन साहब बहुत ख़ुश होंगे।

मैजिस्ट्रेट रॉबिंसन ने उस पत्र को भी ले लिया। पढ़कर दोनो की तिथियाँ मिलाईं। सोचा। कनक की बातें बिलकुल सच जान पड़ीं। रॉबिंसन कनक से बहुत ख़ुश हुए।

कनक ने उभड़कर कहा—"वह दारोग़ा साहब भी यहीं तशरीफ़ रखते हैं। आपको तकलीफ़ होगी। चलकर आप उनके भी उत्तम चरित्र के प्रमाण ले सकते हैं।"

रॉबिंसन तैयार हो गए। हैमिल्टन को साथ चलने के लिये कहा। कनक आगे-आगे नीचे उतरने लगी।

सुंदरसिंह के कमरे की ताली नौकर को दी, और कुल दरवाज़े खोल देने के लिये कहा। सब दरवाज़े खोल दिए गए। भीतर सब लोग एक साथ घुस गए। दारोग़ा साहब करवट बदल रहे थे। रॉबिंसन ने एक की छड़ी लेकर खोद दिया। तब तक नशे में कुछ उतारा आ गया था। पर फिर भी वे सँभलने लायक़ नहीं थे। रॉबिंसन ने डाँटकर पुकारा। साहबी आवाज़ से वह घबराकर उठ बैठे। कई आदमियों और अँगरेज़ों को सामने खड़ा हुआ देख चौंककर खड़े

हो गए। पर सँभलने की ताब न थी। काटे हुए पेड़ की तरह वहीं ढेर हो गए। होश दुरुस्त थे। पर शक्ति नहीं थी। दारोगा साहब फूट-फूटकर रोने लगे।

"साहब खड़े हैं, और आप लेटे रहिएगा?" कनक के नौकर खोद-खोदकर दारोगा साहब को उठाने लगे। एक ने बाँह पकड़कर खड़ा कर दिया। उन्हें विवश देख रॉबिंसन दूसरे कमरे की तरफ़ चल दिए, कहा—"इसको पड़ा रहने दो, हम समझ गया।"

यह वही कमरा था, जहाँ कनक पढ़ा करती थी। पुस्तकों पर नज़र गई; रॉबिंसन खोलकर देखने के लिये उत्सुक हो गए। नौकर ने आलमारियों की ताली खोल दी। साहब ने कई पुस्तकें निकालीं, उलट-पुलटकर देखते रहे। इज़्ज़त की निगाह से कनक को देखकर अँगरेज़ी में कहा—"अच्छा मिस," कनक मुस्किराई, "तुम क्या चाहती हो?"

"सिर्फ़ इंसाफ़।" कनक ने मँजे स्वर से कहा।

साहब सोचते रहे। निगाह उठाकर पूछा— क्या तुम इन लोगों पर मुक़द्दमा चलाना चाहती हो?"

"नहीं।"

साहब कनक को देखते रहे। आँखों में तअज्जुब और सम्मान था। पूछा—"फिर कैसा इंसाफ़?"

"राजकुमार को बिला वजह के तकलीफ़ दी जा रही है, वह छोड़ दिए जायँ।" कनक की पलकें झुक गईं।

साहब कैथरिन को देखकर हँसने लगे। कहा—"हम कल ही छोड़ देगा। तुमसे हम बहुत खुश हुआ है।"

कनक चुपचाप खड़ी रही।

"तुम्हारी पतलून क्या हुई मिस्टर हैमिल्टन ?" हैमिल्टन को घृणा से देखकर साहब ने पूछा।

अब तक हैमिल्टन को होश ही नहीं था कि वह धोती पहने हुए हैं। नशा इस समय भी पूरी मात्रा में था। जब एकाएक यह मुक़द्दमा पेश हो गया, तब उनके दिल से प्रेम का मनोहर स्वप्न सूर्य के प्रकाश से कटते हुए अंधकार की तरह दूर हो गया। एकाएक चोट खाकर नशे में होते हुए भी वह होश में आ गए थे। कोई उपाय न था, इसलिये मन-ही-मन पश्चात्ताप करते हुए यंत्र की तरह रॉबिंसन के पीछे-पीछे चल रहे थे। मुक़द्दमे के चक्कर से बचने के अनेक प्रकार के उपायों का आविष्कार करते हुए वे अपनी हालत को भूल ही गए थे। अब पतलून की जगह धोती होने से, और वह भी एक दूसरे अँगरेज़ के सामने, उन्हें कनक पर बड़ा गुस्सा आया। मन में बहुत ही क्षुब्ध हुए। अब तक वीर की तरह सज़ा के लिये तैयार थे, पर अब लज्जा से आँखें झुक गईं।

एक नौकर ने पतलून लाकर दिया। बग़ल के एक दूसरे कमरे में साहब ने पहन लिया।

कनक को धैर्य देकर रॉबिंसन चलने लगे। हैमिल्टन

और दारोग़ा को शीघ्र निकाल देने के लिये एक नौकर से कहा।

कनक ने कहा—"ये लोग शायद अकेले मकान तक नहीं जा सकेंगे। आप कहें, तो मैं ड्राइवर से कह दूँ, इनको छोड़ आवे।"

रॉबिंसन ने सिर झुका लिया, जैसे इस तरह अपना अदब ज़ाहिर किया हो। फिर धीरे-धीरे नीचे उतरने लगे। कैथरिन से उन्होंने धीमे शब्दों में कुछ कहा, नीचे उसे अलग बुला कर। फिर अपनी मोटर पर बैठ गए।

कनक ने अपनी मोटर से हैमिल्टन और दारोग़ा को उसके स्थान पर पहुँचवा दिया।

(८)

अदालत लग रही थी। एक हिस्सा चारो तरफ़ से रेलिंग से घिरा था। बीच में उतने ही बड़े तख़्त के ऊपर मेज़ और एक कुर्सी रक्खी थी। वहीं मि० रॉबिंसन मैजिस्ट्रेट बैठे थे। सामने एक घेरे के अंदर बंदी राजकुमार खड़ा हुआ एक दृष्टि से बेंच पर बैठी हुई कनक को देख रहा था, और देख रहा था उन वकीलों, बैरिस्टरों और कर्मचारियों को, जो उसे देख-देख आपस में एक दूसरे को खोद-खोदकर मुस्किरा रहे थे, जिनके चेहरे पर झूठ, फरेब, जाल, दग़ाबाज़ी, कठहुज्जती, दंभ, दास्य और तोताचश्मी सिनेमा के बदलते हुए दृश्यों की तरह आ-जा रहे थे, और जिनके पर्दे में छिपे हुए वे स्वास्थ्य,

सुख और शांति की साँस ले रहे थे। वहाँ के अधिकांश लोगों की दृष्टि निस्तेज, सूरत बेईमान और स्वर कर्कश था। राजकुमार ने देखा, एक तरफ़ पत्रों के संवाददाता बैठे हुए थे, एक तरफ़ वकील, बैरिस्टर तथा और लोग।

कनक वहाँ उसके लिये सबसे बढ़कर रहस्यमयी थी। बहुत कुछ मानसिक प्रयत्न करने पर भी उसके आने का कारण वह नहीं समझ सका। स्टेज पर कनक को देखकर उसकी तरफ़ से उसके दिल में अश्रद्धा, अविश्वास तथा घृणा पैदा हो गई। जिस युवती को इडेन-गार्डेन में एक गोरे के हाथों से उसने बचाया, जिसके प्रति, सभ्य महिला के रूप में देखकर, वह सभक्ति खिंच गया था, वह स्टेज की एक नायिका है, यह उसके लिये बरदाश्त करने से बाहर की बात थी। कनक का तमाम सौंदर्य उसके दिल में पैदा हुए इस घृणा-भाव को प्रशमित तथा पराजित नहीं कर सका। उस दिन स्टेज पर राजकुमार दो पार्ट कर रहा था, एक मन से, दूसरा ज़बान से। इस लिये कनक के मुक़ाबिले वह कुछ उतरा हुआ समझा गया था। उसके सिर्फ़ दो-एक स्थल अच्छे हुए थे। आज फिर कनक को बैठी हुई देखकर उसने अनुमान लड़ाया कि शायद पुलिस की तरफ़ से यह भी एक गवाह या ऐसी ही कुछ होकर आई है। क्रोध और घृणा से ऊपर तक हृदय भर गया। उसने सोचा कि इडेन-गार्डेन में उससे ग़लती हो

गई, मुमकिन है, यह साहब की प्रेमिका रही हो, और व्यर्थ ही साहब को उसने दंड दिया। राजकुमार के दिल की दीवार पर कुछ अस्पष्ट रेखा कनक की थी, बिलकुल मिट गई। "मनुष्य के लिये स्त्री कितनी बड़ी समस्या है—इसकी सोने-सी देह के भीतर कितना तीव्र जहर!" राजकुमार सोच रहा था—मैंने इतना बड़ा धोखा खाया, जिसका दंड ही से प्रायश्चित्त करना ठीक है।"

राजकुमार को देखकर कनक के आँसू आ गए। राजकुमार तथा दूसरों की आँखें बचा रूमाल से चुपचाप उसने आँसू पोंछ लिए। उस रोज़ लोगों की निगाह में कनक ही कमरे की रोशनी थी, उसे देखते हुए सभी की आँखें औरों की आँखों को धोखा दे रही थीं। सबकी आँखों की चाल तिरछी हो रही थी।

एक तरफ़ दारोग़ा साहब खड़े थे। चेहरा उतर रहा था। राजकुमार ने सोचा, शायद मुझे अकारण गिरफ़्तार करने के ख़याल से यह उदास हैं। राजकुमार बिलकुल निश्चिंत था।

दारोग़ा साहब ने रविवार के दिन रॉबिंसन का जैसा रुख देखा था, उस पर शहादत के लिये दौड़-धूप करना अनावश्यक समझा, उलटे वह अपने बरख़ास्त होने, सज़ा पाने और न-जाने किस-किस तरह की कल्पनाएँ लड़ा रहे थे। इसी समय मैजिस्ट्रेट ने दारोग़ा साहब को तलब किया। पर वहाँ कोई तैयारी थी ही नहीं। बड़े करुण भाव से दृष्टि

में कृपा चाहते हुए, दारोग़ा साहब मैजिस्ट्रेट को देखने लगे।

अभियुक्त को छोड़ देना ही मैजिस्ट्रेट का अभिप्राय था। इसलिये उसी रोज़ उसके पैरवीकार मिस्टर जयनारायण से उसकी भलमंसाहत के सुबूत लेना उन्होंने आरंभ कर दिया। सुबूत गुज़रते वक़्त कनक एकाग्र चित्त से मुक़द्दमा देख रही थी।

राजकुमार के मन का एकाएक परिवर्तन हो गया। वह अपनी भलाई के प्रमाणों को पेश होते हुए देखकर चकित हो गया। कुछ उसकी समझ में न आया। उस समय का कनक का उत्साह देखकर वह अनुमान करने लगा कि शायद यह सब कार्रवाई उसी की की हुई है। उसकी भावना उसकी तरफ़ से बदल गई। आँखों में श्रद्धा आ गई, पर दूसरे ही क्षण, उपकृत द्वारा छुटाए जाने की कल्पना कर, वह बेचैन हो गया। उसके-जैसे निर्भीक वीर के लिये, जिसने स्वयं ही यह सब आफ़त बुला ली, यह कितनी लज्जा की बात है कि वह एक दूसरी बाज़ारू स्त्री की कृपा से मुक्त हो। क्षोभ और घृणा से उसका सर्वांग मुरझा गया। जोश में आ उसने अपने स्थान से साहब को आवाज़ दी।

"मैंने क़ुसूर किया है।"

मैजिस्ट्रेट लिख रहे थे। नज़र उठाकर एक बार उसे देखा, फिर कनक को।

कनक घबरा गई। राजकुमार को देखा, वह निश्चिंत दृष्टि से साहब की ओर देख रहा था। कनक ने वकील को देखा। राजकुमार की तरफ़ फिरकर वकील ने कहा, तुमसे कुछ पूछा नहीं जा रहा, तुम्हें कुछ कहने का अधिकार नहीं।

फ़ैसला लेकर हँसते हुए वकील ने कनक से कहा, राजकुमार छोड़ दिए गए। एक सिपाही ने सीखचोंवाली कोठरी की ताली खोल दी। राजकुमार निकाल दिया गया।

वकील को पुरस्कृत कर, राजकुमार का हाथ पकड़ कनक अदालत से बाहर निकल चली। साथ-साथ कैथरिन भी चलीं। पीछे-पीछे हँसती हुई कुछ जनता।

रास्ते पर, एक किनारे, कनक की मोटर खड़ी थी। राजकुमार और कैथरिन के साथ, कनक पीछे की सीट में बैठ गई। ड्राइवर गाड़ी ले चला।

एक अज्ञात मनोहर प्रदेश में राजकन्या की तलाश में विचरण करते हुए पूर्वश्रुत राजपुत्र की कथा याद आई। राजकुमार निर्लिप्त द्रष्टा की तरह यह सोने का स्वप्न देखता जा रहा था।

मकान के सामने गाड़ी खड़ी हो गई। कनक ने हाथ पकड़ राजकुमार को, उतरने के लिये कहा।

कैथरिन बैठी नहीं। दूसरे रोज़ आने का कनक ने उनसे आग्रह किया। ड्राइवर उन्हें पार्क स्ट्रीट ले चला।

ऊपर सीधे कनक माता के कमरे में गई। बराबर राज-

कुमार का हाथ पकड़े रही। राजकुमार भावावेश में जैसे बराबर उसके साथ-साथ चला गया।

"यह मेरी मा हैं" राजकुमार से कहकर कनक ने माता को प्रणाम किया। आवेश में, स्वतःप्रेरित की तरह, अपनी दशा तथा परिस्थिति के ज्ञान से रहित, राजकुमार ने भी हाथ जोड़ लिए।

प्रणाम कर प्रसन्न कनक राजकुमार से सटकर खड़ी हो गई। माता ने दोनो के मस्तक पर स्नेह स्पर्श कर आशीर्वाद दिया। नौकरों को बुलाकर हर्ष से एक-एक महीने की तनख्वाह पुरस्कृत की।

कनक राजकुमार को अपने कमरे में ले गई। मकान देखते ही कनक के प्रति राजकुमार के भीतर संभ्रम का भाव पैदा हो गया था। कमरा देखकर उस ऐश्वर्य से वह और भी नत हो गया।

कनक ने उसी गद्दी पर आराम करने के लिये बैठाया। एक बगल खुद भी बैठ गई।

"दो रोज़ से आँख नहीं लगी, सोऊँगा।"

"सोइए" कनक ने आग्रह से कहा। फिर उठकर हाथ की बुनी, बेल-बूटेदार एक पंखी ले आई, और बैठकर झलने लगी।

"नहीं, इसकी ज़रूरत नहीं, बिजली का पंखा तो है, खोलवा दीजिए।" राजकुमार ने सहज स्वर से कहा।

जैसे किसी ने कनक का कलेजा मल दिया हो। "खोलवा दीजिए" आह! कितना दुराव! आँखें छलछला आईं। राजकुमार आँखें मूँदे पड़ा था। सँभलकर कनक ने कहा, पंखे की हवा गर्म होगी। वह उसी तरह पंखा झलती रही। हाथ थोड़ी ही देर में दुखने लगे, कलाइयाँ भर आईं। पर वह झलती रही। उत्तर में राजकुमार ने कुछ भी न कहा। उसे नींद लग रही थी। धीरे-धीरे सो गया।

(६)

राजकुमार के स्नान आदि का कुल प्रबंध कनक ने उसके जागने से पहले ही नौकरों से करा रक्खा था। राजकुमार के सोते समय सर्वेश्वरी कन्या के कमरे में एक बार गई थी, और उसे पंखा झलते हुए देख हँसकर चली आई थी। कनक माता को देखकर उठी नहीं, लज्जा से आँखें झुका, उसी तरह बैठी हुई पंखा झलती रही।

दो घंटे के बाद राजकुमार की आँखें खुलीं। देखा, कनक पंखा झल रही थी। बड़ा संकोच हुआ। उससे सेवा लेने के कारण लज्जा भी हुई। उसने कनक की कलाई पकड़ ली। कहा, बस आपको बड़ा कष्ट हुआ।

फिर एक तीर कनक के हृदय के लक्ष्य को पार कर गया। चोट खा, काँपकर सँभल गई। कहा— आप नहाइएगा नहीं?"

"हाँ, स्नान तो जरूर करूँगा, पर धोती?"

कनक हँसने लगी। "मेरी धोती पहन लीजिएगा।"

"मुझे इसके लिये लज्जा नहीं।"

"तो ठीक है, थोड़ी देर में आपकी धोती सूख जायगी।"

कनक के यहाँ मर्दानी धोतियाँ भी थीं। पर स्वाभाविक हास्य-प्रियता के कारण नहाने के पश्चात् राजकुमार को उसने अपनी ही एक धुली हुई साड़ी दी। राजकुमार ने भी अम्लान, अविचल भाव से वह साड़ी मर्दों की तरह पहन ली। नौकर मुस्किराता हुआ उसे कनक के कमरे में ले गया।

"हमारे यहाँ भोजन करने में आपको कोई एतराज़ तो न होगा?" कनक ने पूछा।

"कुछ नहीं, मैं तो प्रायः होटलों में खाया करता हूँ।" राजकुमार ने असंकुचित स्वर से कहा।

"क्या आप मांस भी खाते हैं?"

"हाँ, मैं सक्रिय जीवन के समय मांस को एक उत्तम खाद्य मानता हूँ, इसलिये खाया करता हूँ।"

"इस वक़्त तो आपके लिये बाज़ार से भोजन मँगवाती हूँ, शाम को मैं पकाऊँगी।" कनक ने विश्वस्त स्वर से कहा।

राजकुमार ने देखा, जैसे एक अज्ञात, अब तक अपरिचित शक्ति से उसका अंग-अंग कनक की ओर खिंचा जा रहा था, जैसे चुंबक की तरफ़ लोहे की सुइयाँ। केवल हृदय के केंद्र

में द्रष्टा की तरह बैठा हुआ वह उस नवीन प्रगति से परिचित हो रहा था।

वहीं बैठी हुई थाली पर एक-एक खाद्य पदार्थ चुन-चुनकर कनक ने रक्खा। एक तश्तरी पर ढक्कनदार ग्लास में बंद वासित जल रख दिया। राजकुमार भोजन करने लगा। कनक वहीं एक बगल बैठी हुई पान लगाने लगी। भोजन हो जाने पर नौकर ने हाथ धुला दिए।

पान की रक़ाबी कनक ने बढ़ा दी। पान खाते हुए राजकुमार ने कहा—"आपका शकुंतला का पार्ट उस रोज़ बहुत अच्छा हुआ था। हाँ, धोती तो अब सूख गई होगी?"

"इसे ही पहने रहिए, जैसे अब आप ही शकुंतला हैं, निस्संदेह आपका पार्ट बहुत अच्छा हुआ था। आप कहें, तो मैं दुष्यंत का पार्ट करने के लिये तैयार हूँ।"

मुखर कनक को राजकुमार कोई उत्तर न दे सका।

कनक एक दूसरे कमरे में चली गई। धुली हुई एक मर्दानी धोती ले आई।

"इसे पहनिए, वह मैली हो गई है।" सहज आँखों से मुस्किराकर कहा।

राजकुमार ने धोती पहन ली। कनक फिर चली गई। अपनी एक रेशमी चादर ले आई।

"इसे ओढ़ लीजिए।"

राजकुमार ने ओढ़ लिया।

एक नौकर ने कनक को बुलाया। कहा, माजी याद कर रही हैं।

"मैं अभी आई।" कहकर कनक माता के पास चली गई।

हृदय के एकांत प्रदेश में जीवन का एक नया ही रहस्य खुल रहा है। वर्षा की प्रकृति की तरह जीवन की धात्री देवी नए साज से सज रही है। एक श्रेष्ठ पुरस्कार को प्राप्त करने के लिये कभी-कभी उसके बिना जाने हुए लालसा के हाथ फैल जाते हैं। आज तक जिस एक ही स्रोत से बहता हुआ वह चला आ रहा था, वह एक दूसरा मुख बदलना चाहता है। एक अप्सरा-कुमारी, संपूर्ण ऐश्वर्य के रहते हुए भी, आँखों में प्रार्थना की रेखा लिए, रूप की ज्योति में जैसे उसी के लिये तपस्या करती हुई, आती है। राजकुमार चित्त को स्थिर कर विचार कर रहा था, यह सब क्या है?—क्या इस ज्योति से मिल जाऊँ?—नः जल जाऊँ; तो? इसे निराश कर दूँ?—बुझा दूँ? नः, मैं इतना कर्कश, तीव्र, निर्दय न हूँगा; फिर? आह! यह चित्र कितना सुंदर, कितना स्नेहमय है?—इसे प्यार करूँ? नः मुझे अधिकार क्या? मैं तो प्रतिश्रुत हूँ कि इस जीवन में भोग-विलास को स्पर्श भी नहीं करूँ; प्रतिज्ञा—की हुई प्रतिज्ञा से टल जाना महापाप है, और यह स्नेह का निरादर!

कनक के भावों से राजकुमार को अब तक मालूम हो

चुका था कि वह पुष्प उसी की पूजा में चढ़ गया है। उसके द्वारा रक्षित होकर उसने अपनी सदा की रक्षा का भार उसे सौंप दिया है। उसके आकार, इंगित और गति इसकी साक्षी हैं। राजकुमार धीर, शिक्षित युवक था। उसे कनक के मनोभावों के समझने में देर नहीं लगी। जिस तरह से उसके उपकार का कनक ने प्रतिदान दिया, उसकी याद कर कनक के गुणों के साथ उस कोमल स्वभाव की ओर वह आकर्षित हो चुका था। केवल लगाम अभी तक उसके हाथ में थी। उसकी रस प्रियता के अंतर्लक्ष्य को ताड़कर मन-ही-मन वह सुखानुभव कर रहा था। पर दूसरे ही क्षण इस अनुभव को वह अपनी कमजोरी भी समझता था। कारण, इसके पहले ही वह अपने जीवन की प्रगति निश्चित कर चुका था। वह साहित्य तथा देश की सेवा के लिये आत्मार्पण कर चुका था। इधर कनक का इतना अधिक एहसान उस पर चढ़ गया था, जिसके प्रति उसकी मनुष्यता का मस्तक स्वतः नत हो रहा था। उसकी आज्ञा के प्रतिकूल आचरण की जैसे उसमें शक्ति ही न रह गई हो। वह अनुकूल-प्रतिकूल अनेक प्रकार की ऐसी ही कल्पनाएँ कर रहा था।

सर्वेश्वरी ने कनक को सस्नेह पास बैठा लिया। कहा—"ईश्वर ने तुम्हें अच्छा वर दान दिया है। वह तुम्हें सुखी और प्रसन्न करें। आज एक नई बात तुम्हें सुनाऊँगी। आज तक तुम्हें अपनी माता के सिवा पिता का नाम नहीं मालूम

था। अब तुम्हारे पिता का नाम तुमसे कह देना मेरा धर्म है। कारण, तुम्हारे कार्यों से मैं देखती हूँ, तुम्हारे स्वभाव में पिता-पक्ष ही प्रबल है। बेटा, तुम रणजीतसिंह की कन्या हो। तुम्हारे पिता जयनगर के महाराज थे। उन दिनों मैं वहीं थी। उनका शरीर नहीं रहा। होते, तो वह तुम्हें अपनी ही देख-रेख में रखते। आज देखती हूँ, तुम्हारे पिता के कुल के संस्कार ही तुममें प्रबल हैं। इससे मुझे प्रसन्नता है। अब तुम अपनी अनमोल, अलभ वस्तु सँभालकर रक्खो, उसे अपने अधिकार में करो। आगे तुम्हारा धर्म तुम्हारे साथ है।"

माता की सहृदय बातों से कनक को बड़ा सुख हुआ। स्नेह-जल से वह सिक्त होकर बोली—"अम्मा, यह सब तो वह कुछ जानते ही नहीं, मैं कह भी नहीं सकती। किसी तरह इशारा करती हूँ, तो कोई जैसे मुझे पकड़कर दबा देता है। कुछ बोलना चाहती हूँ, तो गले से आवाज़ ही नहीं निकलती।"

"तुम उन्हें कुछ दिन बहला रक्खो, सब बातें आप खुल जायँगी। मैं अपनी तरफ़ से कोई कार्रवाई करूँगी, तो इसका उन पर बुरा असर पड़ेगा।"

नौकर से जेवर का बक्स बढ़ा देने के लिये सर्वेश्वरी ने कहा।

आज कनक के लिये सबसे बड़ी परीक्षा का दिन है। आज की विजय उसकी सदा की विजय है। इस विचार से

सर्वेश्वरी बड़े विचार से सोने और हीरे के अनेक प्रकार के आभरणों से उसे सजाने लगी। बालों में सुगंधित तेल लगा, किनारे से तिरछाई माँग काढ़, चोटी गूँथकर चक्राकार जूड़ा बाँध दिया। हीरे की कनी-जड़े सोने के फूलदार काँटे जूड़े में पिरो दिए। कनक ने अच्छी तरह सिंदूर माँग में भर लिया। उसकी ललाई उस सिर का किसके द्वारा क़लम किया जाना सूचित कर रही थी। उस रोज़ सर्वेश्वरी ने बसंती रंग की साड़ी पसंद की। अच्छे-अच्छे जितने बहुमूल्य आभरण थे, सबसे सिर से पैर तक कनक को सजा दिया।

"अम्मा, मुझे तो यह सब भार हो रहा है। मैं चल नहीं सकूँगी।"

सर्वेश्वरी ने कोई उत्तर नहीं दिया। कनक राजकुमार के कमरे की ओर चली। जीने पर चढ़ने के समय आभरणों की झंकार से राजकुमार का मन आकर्षित हो गया। अलंकारों की मंजीर-ध्वनि धीरे-धीरे नज़दीक होती गई। अनुमान से उसने कनक के आने का निश्चय कर लिया। अब के दरवाज़े के पास आते ही कनक के पैर रुक गए। सर्वांग संकोच से शिथिल पड़ गया। कृत्रिमता पर बड़ी लज्जित हुई। मन को ख़ूब दृढ़ कर होंठ काटती-मुस्किराती, वायु को केशों की सुरभि से सुगंधित करती हुई धीरे-धीरे चलकर गद्दी के एक प्रांत में राजकुमार के बिलकुल नज़दीक बैठ गई।

राजकुमार ने केवल एक नजर कनक को देख लिया। हृदय ने प्रशंसा की। मन ने एकटक यह छवि खींच ली। तत्काल प्रतिज्ञा के अदम्य झटके से हृदय की प्रतिमा शून्य में परमाणुओं की तरह विलीन हो गई। राजकुमार चुपचाप बैठा रहा। हृदय पर जैसे पत्थर रख दिया गया हो।

कनक के मन में राजकुमार के बहलाने की बात उठी। उठकर वह पास ही रक्खा हुआ सुर-बहार उठा लाई। स्वर मिलाकर राजकुमार से कहा—"कुछ गाइए।"

"मैं गाता नहीं। आप गाइए। आप बड़ा सुंदर गाती हैं।"

'आप' फिर कनक के प्राणों में चुभ गया। तिलमिला गई। इस चोट से हृदय के तार और दर्द से भर गए। वह गाने लगी—

हमें जाना इस जग के पार।
जहाँ नयनों से नयन मिले,
ज्योति के रूप सहस्र खिले,
सदा ही बहती रे रस-धार—
वहीं जाना इस जग के पार।
कामना के कुसुमों को कीट
काट करता छिद्रों की छींट,
यहाँ रे सदा प्रेम की ईंट
परस्पर खुलती सौ-सौ बार।

डोल सहसा संशय में प्राण
रोक लेते हैं अपना गान,
यहा रे सदा प्रेम में मान
ज्ञान में बैठा मोह असार।

दूसरे को कस अंतर तोल
नहीं होता प्राणों का मोल,
वहाँ के धन केवल वे लोल
नयन दिखलाते निश्छल प्यार।

अपने मुक्त पंखों से स्वर के आकाश में उड़ती हुई भावना की परी को अपलक नेत्रों से राजकुमार देख रहा था। स्वर के स्रोत में उसने भी हाथ-पैर ढीले कर दिए, अलक्ष्य अज्ञान में बहते हुए उसे अपार आनंद मिल रहा था। आँखों में प्रेम का वसंत फूट आया, संगीत में प्रेमिका कोकिला कूक रही थी। एक साथ प्रेम की लीला में मिलन और विरह प्रणय के स्नेह-स्पर्श से स्वप्न की तरह जाग उठे। सोती हुई स्मृति की विद्युत्-शिखाएँ हृदय से लिपटकर लपटों में जलने-जलाने लगीं। तृष्णा की सूखी हुई भूमि पर वर्षा की धारा बह चली। दूर की किसी भूली हुई बात को याद करने के लिये, मधुर अस्फुट ध्वनि से श्रवण-सुख प्राप्त करने के लिये, दोनो कान एकाग्र हो चले। मंत्रमुग्ध मन में माया का अविराम सुख-प्रवाह भर रहा था! वह अकंपित-अचंचल पलकों से प्रेम की पूर्णिमा में ज्योत्स्नामृत पान कर रहा था। देह की

कैसी नवीन कांति ! कैसे भरे हुए सहज-सुंदर अंग ! कैसी कटी-छटी शोभा ! इसके साथ मँजा हुआ अपनी प्रगति का कैसा अबाध स्वर, जिसके स्पर्श से जीवन अमर, मधुर, कल्पनाओं का केंद्र बन रहा है। रागिनी की तरंगों से काँपते हुए उच्छ्वास, तान मूर्च्छनाएँ उसी के हृदय के सागर की ओर अनर्गल विविध भंगिमाओं से बढ़ती चली आ रही हैं। कैसा कुशल छल ! उसका सर्वस्व उससे छीन लिया, और इस दान में प्राप्ति भी कितनी अधिक, जैसे इसके तमाम अंग उसके हुए जा रहे हैं, और उसके इसके। राजकुमार एकाग्र चित्त से रूप और स्वर, पान कर रहा था। एक-एक शब्द से कनक उसके मर्म तक स्पर्श कर रही थी। संगीत के नशे में, रूप के लावण्य में अलंकारों की प्रभा से चमकती हुई कनक मरीचिका के उस पथिक को पथ से भुलाकर बहुत दूर—बहुत दूर ले गई। वह सोचने लगा—"यह सुख क्या व्यर्थ है ? यह प्रत्यक्ष ऐश्वर्य क्या आकाश-पुष्प की तरह केवल काल्पनिक कहा जायगा ? यदि इस जीवन की कांति हृदय के मधु और सुरभि के साथ वृक्ष ही पर सूख गई, तो क्या फल ?"

"कनक, तुम मुझे प्यार करती हो ?"

कनक को इष्ट मंत्र के लक्ष जप के पश्चात् सिद्धि मिली। उसके हृदय के सागर को पूर्णिमा का चंद्र देख पड़ा। उसके यौवन का प्रथम स्वप्न, सत्य के रूप में मूर्तिमान् हो, आँखों

के सामने आ गया। चाहा कि जवाब दे, पर लज्जा से सब अंग जकड़-से गए। हृदय में एक अननुभूत विद्युत् प्रवेश कर गुदगुदा रही थी। यह दशा आज तक कभी नहीं हुई। मुक्त आकाश की उड़ती हुई रंगीन परों की विहग-परी राजकुमार के मन की डाल पर बैठी थी, पर किसी जंजीर से नहीं बँधी, किसी पींजड़े में नहीं आई। पर इस समय उसी की प्रकृति उसकी प्रतिकूलता कर रही है। वह चाहती है, कहे, पर प्रकृति उसे कहने नहीं देती। क्या यह प्यार वह प्रदीप है, जो एक ही एकांत गृह का अंधकार दूर कर सकता है? क्या वह सूर्य और चंद्र नहीं, जो प्रति गृह को प्रकाशित करे?

इस एकाएक आए हुए लाज के पाश को काटने की कनक ने बड़ी कोशिश की, पर निष्फल हुई। उसके प्रयत्न की शक्ति से आकस्मिक लज्जा के आक्रमण में ज्यादा शक्ति थी। कनक हाथ में सुर-बाहर लिए, रत्नों की प्रभा में चमकती हुई, सिर झुकाए चुपचाप बैठी रही। इस समय राजकुमार की तरफ़ निगाह भी नहीं उठ रही थी। जैसे एक "तुम" तुम द्वारा उसने इसे इतना दे दिया, जिसके भार से आप-ही-आप उसके अंग दाता की दृष्टि में नत हो गए; उस स्नेह सुख का भार हटाकर आँखें उठाना उसे स्वीकार भी नहीं।

बड़ी मुश्किल से एक बार सजल, अनिमेष दृगों से, सिर झुकाए हुए ही राजकुमार को देखा। वह दृष्टि कह रही थी,

क्या अब भी तुम्हें अविश्वास है ?—क्या हमें अभी और भी प्रमाण देने की आवश्यकता होगी ?

उन आँखों की वाणी पढ़कर राजकुमार एक दूसरी परिस्थिति में आ गया, जहाँ प्रचंड क्रांति विवेक को पराजित कर लेती है, किसी स्नेह अथवा स्वार्थ के विचार से दूसरी शृंखला तोड़ दी जाती है, अनावश्यक परिणाम की एक भूल समझकर।

संध्या हो रही थी। सूर्य की किरणों का तमाम सोना कनक के सोने के रंग में, पीत सोने-सी साड़ी और सोने के रत्नाभूषणों में मिलकर अपनी सुंदरता तथा अपना प्रकाश देखना चाहता था, और कनक चाहती थी, संध्या के स्वर्ण लोक में अपने सफल जीवन की प्रथम स्मृति को हृदय में सोने के अक्षरों से लिख ले।

इंगित से एक नौकर को बुला कनक ने पढ़ने के कमरे से काग़ज़, क़लम और दावात ले आने के लिये कहा। सुरबहार वहीं गद्दी पर एक बग़ल रख दिया। नौकर कुल सामान ले आया।

कनक ने कुछ ऑर्डर लिखा, और गाड़ी तैयार करने की आज्ञा दी। ऑर्डर नौकर को देते हुए कहा—"यह सामान नीचे की दूकान से बहुत जल्दी ले आओ।"

राजकुमार को कनक की शिक्षा का हाल नहीं मालूम था। वह इसे साधारण पढ़ी-लिखी स्त्री में शुमार कर रहा था।

कनक जब ऑर्डर लिख रही थी, तब लिपि से इसे मालूम हो गया कि यह अँगरेजी लिपि है, और कनक अँगरेजी जानती है। लिखावट सजी हुई दूर से मालूम दे रही थी।

"अब हवाखोरी का समय है।" कनक एक भार का अनुभव कर रही थी, जा बोलने के समय उसके शब्दों पर भी अपना गुरुत्व रख रहा था।

राजकुमार के संकोच का अर्गला, कनक के अदब के कारण, शिष्टता और स्वभाव के अकृत्रिम प्रदर्शन से, आप-ही-आप खुल गई। यों भी वह एक बहुत ही खुला हुआ, स्वतंत्र प्रकृति का युवक था। अनावश्यक सभ्यता का प्रदर्शन उसमें नाम-मात्र को न था। जब तक वह कनक को समझ नहीं सका, तब तक उसने शिष्टाचार किया। फिर घनिष्ठ परिचय के पश्चात् अभिनय से सत्य की कल्पना लेकर, दोनो ने एक दूसरे के प्रति कार्यतः जैसा प्रेम सूचित किया था, राजकुमार उससे कनक के प्रसंग को बिलकुल खुले हुए प्रवाह की तरह, हवा की तरह, स्पर्श कर बहने लगा। वह देखता था, इससे कनक प्रसन्न होती है, यद्यपि उसकी प्रसन्नता बाढ़ के जल की तरह उसके हृदय के कूलों को छापकर नहीं छलकने पाती। केवल अपने सुख की पूर्णता, अपनी अंतस्तरंगों की टलमल, प्रसन्नता, अपनी सुखद स्थिति का ज्ञान-मात्र करा देती है।

"तुम अँगरेजी जानती हो, मुझे नहीं मालूम था।"

कनक मुस्किराई। "हाँ, मुझे कैथरिन घर पर पढ़ा जाया करती थीं। थोड़े ही दिन हुए, मैंने पढ़ना बंद किया है। हम लोगों के साथ अदालत से आने के समय वह कैथरिन ही थीं।"

राजकुमार के मानसिक सम्मान में कनक का दर्जा बढ़ गया। उसने उस ग्रंथ को पूर्णतः नहीं पढ़ा, इस अज्ञान-मिश्रित दृष्टि से कनक को देख रहा था, उसी समय नौकर कुछ सामान एक काग़ज़ में बँधा हुआ लाकर कनक के सामने रख गया।

कनक ने खोलकर देखा। फिर राजकुमार से कहा, लीजिए, पहन लीजिए, चलें प्रिंस-ऑफ़्-वेल्स घाट की तरफ़, शाम हो रही है, टहल आवें।

राजकुमार को बड़ी लज्जा लगी। पर कनक के आग्रह को वह टाल न सका। शर्ट, वेस्ट कोट और कोट पहन लिया। टोपी दे ली। जूते पहन लिए।

कनक ने कपड़े नहीं बदले। उन्हीं वस्त्रों से वह उठकर खड़ी हो गई। राजकुमार के सामने ही एक बड़ा शीशा दीवार से लगा था। इस तरह खड़ी हुई कि उसकी साड़ी और कुछ दाहने अंग राजकुमार के आधे अंगों से छू गए, और उसी तरह खड़ी हुई वह हृदय की आँखों से राजकुमार की तस्वीर की आँखें देख रही थी। वहाँ उसे जैसे लज्जा न थी। राजकुमार ने भी छाया की कनक को देखा। दोनो की

असंकुचित चार आँखें मुस्किरा पड़ीं, जिनमें एक ही मर्म, एक ही स्नेह का प्रकाश था।

अलंकारों के भार से कनक की सरल गति कुछ मंद पड़ गई थी। राजकुमार को बुलाकर वह नीचे उतरने लगी। कुछ देर तक खड़ा वह उसे देखता रहा। कनक उतर गई। राजकुमार भी चला।

गाड़ी तैयार खड़ी थी। अर्दली ने मोटर के पीछे की सीट का द्वार खोल दिया। कनक ने राजकुमार को बैठने के लिये कहा। राजकुमार बैठ गया। लोगों की भीड़ लग रही थी। अवाक् आँखों से आला-अदना सभी लोग कनक को देख रहे थे। राजकुमार के बैठ जाने पर कनक भी वहीं एक बग़ल बैठ गई। आगे की सीट में ड्राइवर की बाईं तरफ़ अर्दली भी बैठ गया। गाड़ी चल दी। राजकुमार ने पीछे किसी को कहते हुए सुना, वाह रे तेरे भाग! गाड़ी वेलिंटन स्ट्रीट से होकर धरमतल्ले की तरफ़ चली गई।

सूर्य की अंतिम किरणें सीधे दोनो के मुख पर पड़ रही थीं, जिससे कनक पर लोगों की निगाह नहीं ठहरती थी। सामने के लोग खड़े होकर उसे देखते रहते। इस तरह के भूषणों से सजी हुई महिला को अवगुंठित, निश्चल-चितवन, स्वतंत्र रूप से, खुली मोटर पर विहार करते हुए प्रायः किसी ने नहीं देखा था; इस अकाट्य युक्ति को कटी हुई, प्रमाण के रूप में प्रत्यक्ष कर लोगों को बड़ा आश्चर्य हो रहा था। कनक के

वेश में उसके मातृपक्ष की तरफ़ ज़रा भी इशारा नहीं था। कारण, उसके मस्तक का सिंदूर इस प्रकार के कुल संदेह की जड़ काट रहा था। कलकत्ते की अपार जनता की मानस-प्रतिमा बनी हुई, अपने नवीन नयनों की स्निग्ध किरणों से दर्शकों को प्रसन्न करती कनक क़िले की तरफ़ जा रही थी।

कितने ही छिपकर आँखों से रूप पीनेवाले, मुँहचोर, हवाख़ोर उसकी मोटर के पीछे अपनी गाड़ी लगाए हुए, अनर्गल शब्दों में उसकी समालोचना करते हुए, उच्च स्वर से कभी-कभी सुनाते हुए भी, चले जा रहे थे। गाड़ी इडेन-गार्डेन के पास से गुज़र रही थी।

"अभी वह स्थान—देखिए—नहीं देख पड़ता।" कनक ने राजकुमार का हाथ पकड़कर कहा।

"हाँ, पेड़ों की आड़ है, यह क्रिकेट-ग्राउंड है, वह क्लब, पत्तियों में हरा-हरा दीख रहा है। एक दफ़ा फ़र्स्ट ब्टालियन से यहीं हम लोगों का फ़ाइनल कूचविहार-शील्ड-मैच हुआ था।" भूली बात के आकस्मिक स्मरण से राजकुमार का स्वर कुछ मंद पड़ रहा था।

"आप किस टीम में थे?"

"विद्या-सागर-कॉलेज में। तब मैं चौथे साल में था।"

"क्या हुआ?"

"३५६—१२० से हम लोग जीते थे।"

"बड़ा डिफ़रेंस रहा।"

"हाँ।"

"किसी ने सेंचुरी भी की थी?"

"हाँ, इसी से बहुत ज़्यादा फ़र्क़ आ गया था। हमारे प्रो० बनर्जी बौलिंग भी बहुत अच्छी करते थे।"

"सेंचुरी किसने की?"

राजकुमार कुछ देर चुप रहा। धीरे साधारण गले से कहा, मैंने।

गाड़ी अब प्रिंस-ऑफ़्-वेल्स घाट के सामने थी।

कनक ने कहा—"ईडेन-गार्डेन लौट चलो।"

ड्राइवर ने मोटर घुमा ली।

राजकुमार क़िले के बेतार-के-तारवाले ऊँचे खंभों को देख रहा था। कनक की तरफ़ फिरकर कहा, इसकी कल्पना पहले हमारे जगदीशचंद्र वसु के मस्तिष्क में आई थी। मोटर बढ़ाकर गेट के पास ड्राइवर ने रोक दी। राजकुमार उतरकर कलकत्ता-ग्राउंड का हल्ला सुनने लगा।

कनक ने कहा—"क्या आज कोई विशेष खेल था?"

"मालूम नहीं, आज मोहनबग़ान-कलकत्ता, लीग में रहे होंगे; शायद मोहनबग़ान ने गोल किया। जीतने पर अँगरेज़ इतना हल्ला नहीं करते।"

दोनो धीरे-धीरे सामने बढ़ने लगे। मैदान बीच से पार करने लगे। किनारे की कुर्सियों पर बहुत-से लोग बैठे थे।

कोई-कोई टहल रहे थे। एक तरफ़ पश्चिम की ओर योरपियन, उनकी महिलाएँ और बालक थे, और पूर्व की क़तार में बंगाली, हिंदोस्तानी, गुजराती, मराठी, मद्रासी, पंजाबी, मारवाड़ी, सिंधी आदि मुक्त कंठ से अपनी-अपनी मातृ-भाषा का महत्त्व प्रकट कर रहे थे। और, इन सब जातियों की दृष्टि के आकर्षण का मुख्य केंद्र उस समय कनक हो रही थी। श्रुत, अश्रुत, स्फुट, अस्फुट, अनेक प्रकार की, समीचीन, अर्वाचीन आलोचना-प्रत्यालोचनाएँ सुनती हुई, निस्संकोच, अम्लान, निर्भय, वीतराग धीरे-धीरे, राजकुमार का हाथ पकड़े हुए, कनक फ़व्वारे की तरफ़ बढ़ रही थी। युवक राजकुमार की आँखों में वीर्य, प्रतिभा, उच्छृंखलता और तेज झलक रहा था।

"उधर चलिए।" कनक ने उसी कुंज की तरफ़ इशारा किया।

दोनो चलने लगे।

दूसरा छोटा मैदान पाकर दोनो उसी कृत्रिम तालाबवाले कुंज की ओर बढ़े। बेंच ख़ाली पड़ी थी।

दोनो बैठ गए। सूर्यास्त हो गया था। बत्तियाँ जल चुकी थीं। कनक मजबूती से राजकुमार का हाथ पकड़े हुए पुल के नीचे से डाँड बंद कर आते हुए नाव के कुछ नवयुवकों को देख रही थी। वे नाव को घाट की तरफ़ ले गए। राजकुमार एक दूसरी बेंच पर बैठे हुए एक नवीन योरपीय जोड़े

को देख रहा था। वह बेंच पुल के उस तरफ़, खुली ज़मीन पर, खाई के किनारे थी।

"आपने यहीं मेरी रक्षा की थी।" सहज कुछ भरे स्वर में कनक ने कहा।

"ईश्वर की इच्छा कि मैंने देख लिया।"

"आपको अब सदा मेरी रक्षा करनी होगी।" कनक ने राजकुमार के हाथ को मुट्ठी में जोर से दबाया।

राजकुमार कुछ न बोला, सिर्फ़ कनक के स्वर से कुछ सजग होकर उसने उसकी तरफ़ देखा। उसके मुख पर बिजली की रोशनी पड़ रही थी। आँखें एक दूसरी ही ज्योति से चमक रही थीं, जैसे वह एक प्रतिज्ञा की मूर्ति देख रहा हो।

"तुमने भी मुझे बचाया है।"

"मैंने अपने स्वार्थ के लिये आपको बचाया।"

"तुम्हारा कौन-सा स्वार्थ ?"

कनक ने सिर झुका लिया। कहा—"मैंने भी अपना धर्म पालन किया।"

"हाँ, तुमने उपकार का पूरे अंशों में बदला चुका दिया।"

कनक काँप उठी। "कितने कठोर होते हैं पुरुष! उन्हें सँभलकर वार्तालाप करना नहीं आता। क्या यही यथार्थ उत्तर है ?" कनक सोचती रही। तमककर कहा—"हाँ, मैंने ठीक बदला चुकाया, मैं भी स्त्री हूँ।" फिर राजकुमार का हाथ

छोड़ दिया। राजकुमार को कनक के कर्कश स्वर से सख्त चोट लगी। चोट खाने की आदत थी नहीं। आँखें चमक उठीं, हृदय-दर्शी की तरह मन ने कहा—"इसने ठीक उत्तर दिया, बदले की बात तुम्हीं ने तो उठाई।" राजकुमार के अंग शिथिल पड़ गए।

कनक को अपने उत्तेजित उत्तर के लिये कष्ट हुआ। फिर हाथ पकड़ स्नेह के कोमल स्वर से—"बदला क्या? क्या मेरी रक्षा किसी आकांक्षा के विचार से तुमने की थी?"

"तुमने!" राजकुमार का संपूर्ण तेज पिघलकर "तुमने" में बह गया, हाथ आप-ही-आप उठकर कनक के गले पर रख गया। विवश कंठ ने आप-ही-आप कहा—"क्षमा करो, मैंने ग़लती की।"

सामने से बिजली की रोशनी और पत्तों के बीच से हँसती हुई आकाश के चंद्र की ज्योत्स्ना दोनो के मुख पर पड़ रही थी। पत्रों के मर्मर से मुखर बहती हुई अदृश्य हवा, डालियों, पुष्प-पल्लवों और दोनो के बँधे हुए हृदयों को सुख की लालसा से स्नेह के झूले में हिलाकर चली गई। दोनो कुछ देर चुपचाप बैठे रहे।

दोनो स्नेह-दीप के प्रकाश में एकांत हृदय के कक्ष में परिचित हो गए—कनक पति की पावन मूर्ति देख रही थी, और राजकुमार प्रेमिका की सरस, लावण्यमयी, अपराजित आँखें,

संसार के प्रलय से बचने के लिये उसके हृदय में लिपटी हुई एक कृशांगी सुंदरी।

"एक बात पूछूँ ?" कनक ने राजकुमार के कंधे पर ठोढ़ी रक्खे हुए पूछा।

"पूछो।"

"तुम मुझे क्या समझते हो ?"

"मेरे सुबह की पलकों पर ऊषा की किरण।"

राजकुमार कहता गया—

"मेरे साहित्यिक जीवन-संग्राम की विजय।"

कनक के सूखे कंठ की तृष्णा को केवल तृप्त हो रहने का जल था ; पूरी तृप्ति का भरा हुआ तड़ाग अभी दूर था। राजकुमार कहता गया—

"मेरी आँखों की ज्योति, कंठ की वाणी, शरीर की आत्मा, कार्य की सिद्धि, कल्पना की तस्वीर, रूप की रेखा, डाल की कली, गले की माला, स्नेह की परी, जल की तरंग, रात की चाँदनी, दिन की छाँह ..."

"बस-बस, इतनी कविता एक ही साथ, जब मैं याद भी कर सकूँ। पर कवि लोग, सुनती हूँ, दो ही चार दिन में अपनी ही लिखी हुई पंक्तियाँ भूल जाते हैं।"

"पर कविता तो नहीं भूलते।"

"फिर काव्य की प्रतिमा दूसरे ही रूप में उनके सामने खड़ी होती है।"

"वह एक ही सरस्वती में सब मूर्तियों का समावेश देख लेते हैं।"

"और यदि मानसिक विद्रोह के कारण सरस्वती के अस्तित्व पर भी संदेह ने सिर उठाया ?"

"तो पक्की लिखा-पढ़ी भी बेकार है। कारण, किसी अदालत का अस्तित्व मानने पर ही टिका रहता है।"

जवाब पा कनक चुप हो गई। एक घंटा रात हो चुकी थी। उसे अपनी प्रतिज्ञा याद आई। कहा—"आज, मैंने कहा था, तुम्हें खुद पकाकर खिलाऊँगी। अब चलना चाहिए।"

राजकुमार उठकर खड़ा हो गया। कनक भी खड़ी हो गई। राजकुमार का बाँया हाथ अपने दाहने हाथ में लपेट, चाँदनी में चमकती, लावण्य की नई लता-सी हिलती-डोलती सड़क की तरफ़ चली।

"मैं अब भी तुम्हें नहीं समझ सका, कनक !"

"मैं कोई गूढ़ समस्या बिलकुल नहीं हूँ। तुम मुझी से मुझे समझ सकते हो, उसी तरह जैसे अपने को आईने से, और तुम्हारे-जैसे आदमी के लिये, जिसने मेरे जीवन के कुछ अंक पढ़े हों, मुझे न समझ सकना मेरे लिये भी वैसे ही रहस्य की सृष्टि करता है। और, यह जानकर तुम्हें कुछ लज्जा होगी कि तुम मुझे नहीं समझ सके, पर अब मेरे लिये तुम्हें समझने की कोई दुरूहता नहीं रही।"

"तुमने मुझे क्या समझा ?"

"यह मैं नहीं बतलाना चाहती। तुम्हें मैंने···नः, नहीं बतलाऊँगी।"

"क्यों नहीं—क्यों नहीं बतलाइएगा, मैं भी सुनकर ही छोड़ूँगा।"

राजकुमार, कनक को पकड़कर, फ़व्वारे के पास खड़ा हो गया। उस समय वहाँ दूसरा और कोई न था।

"चलो भी—सच, बड़ी देर हो रही है—मुझे अभी बड़ा काम है।"

"नहीं, अब बतलाना होगा।"

"क्या?"

"यही, आप मुझे क्या समझीं।"

"क्या समझीं!"

"हाँ, क्या समझीं?"

"लो, कुछ नहीं समझे, यही समझे।"

"अच्छा, अब शायरी होगी।"

"तभी तो आपके सब रूपों में कविता बनकर रहा जायगा। नहीं, अब ठहरना ठीक नहीं। चलो। अच्छा-अच्छा, नाराज़गी, मैंने तुम्हें दुष्यंत समझा। बात, कहो, अब भी नहीं साफ़ हुई?"

"कहाँ हुई?"

"और समझाना मेरी शक्ति से बाहर है। समय आया, तो समझा दिया जायगा।"

राजकुमार मन-ही-मन सोचता रहा—"दुष्यंत का पार्ट जो मैंने किया था, इसने उसका मज़ाक़ तो नहीं उड़ाया, पार्ट कहीं-कहीं बिगड़ गया था। और? और क्या बात होगी?" राजकुमार जितना ही बुनता, कल्पना का जाल उतना ही जटिल होता जा रहा था। दोनो गाड़ी के पास आ गए। अर्दली ने दरवाज़ा खोल दिया। दोनो बैठ गए। मोटर चल दी।

(१०)

घर आ कनक ने राजकुमार को अपने पढ़नेवाले कमरे में छोड़ दिया, आप माता के पास चली गई। नौकर ने आलमारियों की चाभी खोल दी। राजकुमार किताबें निकालकर देखने लगा। अँगरेज़ी-साहित्य के बड़े-बड़े सब कवि, नाटककार और औपन्यासिक मिले। दूसरे देशों के बड़े-बड़े साहित्यिकों के अँगरेज़ी अनुवाद भी रक्खे थे। राजकुमार आग्रहपूर्वक किताबों के नाम देखता रहा।

कनक माता के पास गई। सर्वेश्वरी ने सस्नेह कन्या को बैठा लिया।

"कोई तक़रार तो नहीं की?" माता ने पूछा।

"तक़रार क्या अम्मा, पर उड़ता हुआ स्वभाव है, यह पींजड़ेवाले नहीं हो सकते।" कनक ने लज्जा से रुकते हुए स्वर से कहा।

कन्या के भविष्य-सुख की कल्याण-कल्पना से माता की

आँखों में चिंता की रेखा अंकित हो गई । " तुम्हें प्यार तो करते हैं न ?"

कनक का सौंदर्य-दीप्त मस्तक आप-ही-आप झुक गया ।

"हाँ बड़े सहृदय हैं, पर दिल में एक आग है, जिसे मैं बुझा नहीं सकती, और मेरे विचार से उस आग के बुझाने की कोशिश में मुझे अपनी मर्यादा से गिर जाना होगा, मैं ऐसा नहीं कर सकती, चाहती भी नहीं ; वल्कि देखती हूँ, मैं स्वभाव के कारण कभी-कभी उसमें हवा का काम कर जाती हूँ ।"

"इसीलिये तो मैंने तुम्हें पहले समझाया था, पर तुम्हें अब अपनी तरफ़ से कोई शिक्षा मैं दे नहीं सकती ।"

"आज अपना पकाया भोजन खिलाने का वादा किया है, अम्मा !" कनक उठकर खड़ी हो गई । कपड़े बदलकर नहाने के कमरे में चली गई । नौकर को तिमंजिलेवाले खाली कमरे में भोजन का कुल सामान तैयार रखने की आज्ञा दे दी ।

राजकुमार एक कुर्सी पर बैठा संवाद-पत्र पढ़ रहा था । हिंदी और अँगरेजी के कई पत्र क़ायदे से टेबिल पर रक्खे थे । एक पत्र में बड़े-बड़े अक्षरों में लिखा था—"चंदनसिंह गिरफ़्तार !"

आग्रह-स्फारित आँखों से एक साँस में राजकुमार कुल इबारत पढ़ गया । लखनऊ-षड्यंत्र के मामले में चंदन गिरफ़्तार किया गया था । दोनो एक ही साथ कॉलेज में

पढ़ते थे। दोनो एक ही दिन अपने-अपने लक्ष्य पर पहुँचने के लिये मैदान में आए थे। चंदन राजनीति की तरफ़ गया था। राजकुमार साहित्य की तरफ़। चंदन का स्वभाव कोमल था, हृदय उग्र। व्यवहार में उसने कभी किसी को नीचा नहीं दिखाया। राजकुमार को स्मरण आया, वह जब उससे मिलता, झरने की तरह शुभ्र स्वच्छ बहती हुई अपने स्वभाव की जल-राशि में नहला वह उसे शीतल कर देता था। वह सदा ही उसके साहित्यिक कार्यों की प्रशंसा करता रहा है। उसे वसंत की शीतल हवा में सुगंधित पुष्पों के प्रसन्न कौतुक-हास्य के भीतर के कोयलों, पपीहों तथा अन्यान्य वन्य विहंगों के स्वागतगीत से मुखर डालों की छाया से होकर गुज़रने-वाला देवलोक का यात्री ही कहता रहा है, और अपने को ग्रीष्म के तपे हुए मार्गों का पथिक, संपत्तिवालों की क्रूर हास्य-कुंचित दृष्टि में फटा निरसम्मान भिक्षुक, गली-गली की ठोकरें खाता हुआ; मारा-मारा फिरनेवाला रस-लेश रहित कंकाल बतलाया करता था। वही मित्र, दुख के दिनों का वही साथी, सुख के समय का वही संयमी आज निस्सहाय की तरह पकड़ लिया गया।

राजकुमार क्षुब्ध हो उठा। अपनी स्थिति से उसे घृणा हो गई। एक तरफ़ उसका वह मित्र था, और दूसरी तरफ़ माया के परिमल वसंत में कनक के साथ वह। छिः-छिः, वह और चंदन?

राजकुमार की सुप्त वृत्तियाँ एक ही अंकुश से सतर्क हो गईं। उसकी प्रतिज्ञा घृणा की दृष्टि से उसे देख रही थी—"साहित्यिक! तुम कहाँ हो? तुम्हें केवल रस-प्रदान करने का अधिकार है, रस-ग्रहण करने का नहीं।"

उसी की प्रकृति उसका तिरस्कार करने लगी—"आज आँसुओं में अपनी शृंगार की छवि देखने के लिये आए हो?—कल्पना के प्रासाद-शिखर पर एक दिन एक की देवी के रूप से, तुमने पूजा की, आज दूसरी को प्रेयसी के रूप से हृदय से लगाना चाहते हो?—छिः-छिः, संसार के सहस्रों प्राणों के पावन संगीत तुम्हारी कल्पना से निकलने चाहिए। कारण, वहाँ साहित्य की देवी—सरस्वती ने अपना अधिष्ठान किया, जिनका सभी के हृदयों में सूक्ष्म रूप से वास है। आज तुम इतने संकुचित हो गए कि उस तमाम प्रसार को सीमित कर रहे हो? श्रेष्ठ को इस प्रकार बंदी करना असंभव है, शीघ्र ही तुम्हें उस स्वर्गीय शक्ति से रहित होना होगा। जिस मेघ ने वर्षा की जलद-राशि वाष्प के आकार से संचित कर रक्खी थी, आज यह एक ही हवा चिरकाल के लिये उसे तृष्णार्त भूमि के ऊपर से उड़ा देगी।"

राजकुमार त्रस्त हो उठा। हृदय ने कहा, ग़लती की। निश्चय ने सलाह दी, प्रायश्चित्त करो। बंदी की हँसती हुई आँखों ने कहा, साहित्य की सेवा करते हो न मित्र?—मेरी मा थी जन्मभूमि और तुम्हारी मा भाषा—देखो, आज माता

ने एकांत में मुझे अपनी गोद में, अंधकार गोद में छिपा रक्खा है, तुम अपनी माता के स्नेह की गोद में प्रसन्न हो न?

व्यंग्य के सहस्रों शूल एक साथ चुभ गए। जिस माता को वह राज-राजेश्वरी के रूप में ज्ञान की सर्वोच्च भूमि पर अलंकृत बैठी हुई देख रही थी, आज उसी के नयनों में पत्र की दशा पर करुणाश्रु वह रहे थे। एक ओर चंदन की समादृत मूर्ति देखी, दूसरी ओर अपनी तिरस्कृत।

राजकुमार अधीर हो गया। देखा, सहस्रों दृष्टियाँ उसकी ओर इंगित कर रही हैं—यही है यही है—इसी ने प्रतिज्ञा की थी। देखा, उसके कुल अंग गल गए हैं। लोग, उसे देखकर, घृणा से मुँह फेर लेते हैं। मस्तिष्क में जोर देकर, आँखें फाड़कर देखा, साक्षात् देवी एक हाथ में पूजार्घ्य की तरह थाली लिए हुए, दूसरे में वासित जल, कुल रहस्यों की एक ही मूर्ति में निस्संशय उत्तर की तरह, धीरे-धीरे, प्रशांत हेरती हुई, अपने अपार सौंदर्य की आप ही उपमा, कनक आ रही थी। जितनी दूर—जितनी दूर भी निगाह गई, कनक साथ-ही-साथ, अपने परमाणुओं में फैलती हुई, दृष्टि की शांति की तरह, चलती गई। चंदन, माया, भूमि, कहीं भी उसकी प्रगति प्रतिहत नहीं। सबने उसे बड़े आदर तथा स्नेह की स्निग्ध दृष्टि से देखा। पर राजकुमार के लिये सर्वत्र एक ही-सा व्यंग्य, कौतुक और हास्य!

कनक ने टेबिल पर तश्तरी रख दी। एक ओर लोटा रख दिया। नौकर ने ग्लास दिया, भरकर ग्लास भी रख दिया।

"भोजन कीजिए" शांत दृष्टि से राजकुमार को देख रही थी।

राजकुमार परेशान था। उसी के हाथ, उसी की आँखें, उसकी इंद्रिय-तंत्रियाँ उसके वश में नहीं थीं। विद्रोह के कारण सब विशृंखल हो गई थीं। उनका सम्राट् ही उस समय दुर्बल हो रहा था। भर्राई आवाज़ में कहा—"नहीं खाऊँगा।"

कनक को सख़्त चोट आई।

"क्यों?"

"इच्छा नहीं।"

"क्यों?"

"कोई वजह नहीं।"

कनक सहम गई। क्या? जिसे होटल में खाते हुए कोई संकोच नहीं, वह विना किसी कारण के ही उसका पकाया हुआ नहीं खा रहा?

"कोई वजह नहीं" कनक कुछ कर्कश स्वर से बोली।

राजकुमार के सिर पर जैसे किसी ने लाठी मार दी। उसने कनक की तरफ़ देखा, आँखों से दुपहर की लपटें निकल रही थीं।

कनक डर गई। खोजकर भी उसने कोई क़ुसूर नहीं पाया। आप-ही-आप साहस ने उमड़कर कहा, खाएँगे कैसे नहीं।

"मेरा पकाया हुआ है।"

"किसी का हो।"

"किसी का हो!" कैसा उत्तर! कनक कुछ संकुचित हो गई। अपने जीवन पर सोचने लगी। खिन्न हो गई। माता की बात याद आई। वह महाराज-कुमारी है। आँखों में साहस चमक उठा।

राजकुमार तमककर खड़ा हो गया। दरवाजे की तरफ़ चला। कनक वहीं पुतली की तरह, निर्वाक्, अनिमेष नेत्रों से राजकुमार के आकस्मिक परिवर्तन को पढ़ रही थी। चलते देख स्वभावतः बढ़कर उसे पकड़ लिया।

"कहाँ जाते हो?"

"छोड़ दो।"

"क्यों?"

"छोड़ दो।"

राजकुमार ने झटका दिया। कनक का हाथ छूट गया। कलाई दरवाजे से लगी। चूड़ी फूट गई। हवा में पीपल के पत्ते की तरह शंका से हृदय काँप उठा। चूड़ी कलाई में गड़ गई थी, ख़ून आ गया।

राजकुमार का किसी भी तरफ़ ध्यान नहीं था, वह बराबर बढ़ता गया। कलाई का ख़ून झटकती हुई बढ़कर कनक ने बाहों में बाँध लिया—"कहाँ जाते हो?"

"छोड़ दो।"

कनक फूट पड़ी, आँसुओं का तार बँध गया। निश्शब्द कपोलों से बहते हुए कई बँद आँसू राजकुमार की दाहनी भुजा पर गिरे। राजकुमार की जलती आग पर आकाश के शिशिर-कणों का कुछ भी असर न पड़ा।

"नहीं खाओगे?"

"नहीं।"

"आज रहो, बहुत-सी बातें हैं, सुन लो, फिर कभी न आना, मैं हमेशा तुम्हारी राह छोड़ दिया करूँगी।"

"नहीं।"

"नहीं?"

"नहीं।"

"क्यों?"

"तबियत।"

"तबियत?"

"हाँ।"

"जाओ।"

कनक ने छोड़ दिया। उसी जगह, तस्वीर की तरह खड़ी, आँसुओं की दृष्टि से, एकटक देखती रही। राजकुमार सीधे नीचे उतर आया। दरवाजे से कुछ ही दूर तीन-चार आदमी खड़े आपस में बतला रहे थे।

"उस रोज गाना नहीं सुनाया।"

दूसरे ने कहा—"उसके घर में कोई रहा होगा, इसलिये बहाना कर दिया कि तबियत अच्छी नहीं।"

तीसरा बोला—"लो, यह एक जा रहे हैं।"

"अजी यह वहाँ जायँगे? बेटा निकाल दिए गए! देखो, सूरत क्या कहती है।"

राजकुमार सुनता जा रहा था। एक बग़ल एक मोटर खड़ी थी। फ़ुटपाथ पर ये चारो बतला रहे थे। घृणा से राजकुमार का अंग-अंग जल उठा। इन बातों से क्या उसके चरित्र पर कहीं संदेह करने की जगह रह गई? इससे भी बड़ा प्रमाण और क्या होगा? छिः! इतना पतन भी राजकुमार-जैसा दृढ़-प्रतिज्ञ पुरुष कर सकता है? उसे मालूम हुआ, किसी अंध कारागार से मुक्ति मिली, उसका उतनी देर के लिये रौरव-भोग था, समाप्त हो गया। वह सीधे कार्नवालिस स्ट्रीट की तरफ़ चला। चोर बागान, अपने डेरे पर पहुँच ससंकोच कपड़े उतार दिए, धोती बदल डाली। नए कपड़े लपेटकर नीचे एक बग़ल ज़मीन पर रख दिए। हाथ-पैर धो अपनी चारपाई पर लेट रहा। बिजली की बत्ती जल रही थी।

चंदन की याद आई। बिजली से खिंची हुई-सी कनक वहाँ अपने प्रकाश में चमक उठी। राजकुमार जितनी ही नफ़रत, जितनी ही उपेक्षा, जितनी ही घृणा कर रहा था, वह उतनी ही चमक रही थी। आँखों से चंदन का चित्र उस

प्रकाश में छाया की तरह विलीन हो जाता, केवल कनक रह जाती थी। कान बराबर वह मधुर स्वर सुनना चाहते थे। हृदय में लगातार प्रतिध्वनि होने लगी, आज रहो, बहुत-सी बातें हैं, सुन लो, फिर कभी न आना, मैं हमेशा तुम्हारी राह छोड़ दिया करूँगी। राजकुमार ने नीचे देखा, अखबारवाला झरोखे से उसका अखबार डाल गया था। उठाकर पढ़ने लगा। अक्षर लकीर से मालूम पड़ने लगे। जोर से पलकें दबा लीं। हृदय में उदास कनक खड़ी थी—"आज रहो।" राजकुमार उठकर बैठ गया। एक कुर्ता निकालकर पहनते हुए घड़ी की तरफ़ देखा, ठीक दस का समय था। बाक्स खोलकर कुछ रुपए निकाले। स्लीपर पहनकर बत्ती बुझा दी। दरवाजा बंद कर दिया। बाहर सड़क पर आ खड़ा देखता रहा।

"टैक्सी!"

टैक्सी खड़ी हो गई। राजकुमार बैठ गया।

"कहाँ चलें बाबू।"

"भवानीपुर।"

टैक्सी एक दोमंजिले मकान के गेट के सामने, फ़ुटपाथ पर, खड़ी हुई। राजकुमार ने भाड़ा चुका दिया। दरबान के पास जा खबर देने के लिये कहा।

"अरे भैया, यहाँ बड़ी आफ़त रही, अब आपको मालूम हो ही जायगा, माताजी को साथ लेकर बड़े भैया लखनऊ

चले गए हैं, घर बहूरानी अकेली हैं।" एक साँस में दरबान सुना गया। फिर दौड़ता हुआ मकान के नीचे से "महरी—ओ महरी—सो गई क्या?" पुकारने लगा। महरी नीचे उतर आई।

"क्या है? इतनी रात को महरी—ओ महरी—"

"अरे भाई खफ़ा न हो, ज़रा बहूरानी को ख़बर कर दे कि रज्जू बाबू खड़े हैं।"

"यह बात नीचे से नहीं कह सकते थे क्या?" तीन जगह से लोच खाती हुई, ख़ास तौर से दरबान को अपनी नज़ाकत दिखाने के उद्देश्य से, महरी चली गई। इस दरबान से उसका कुछ प्रेम था। पर ध्वनितत्त्व के जानकारों को इस दरबान के प्रति बढ़ते हुए अपने प्रेम का पता लगने का मौक़ा अपने ही गले की आवाज़ से वह किसी तरह भी न देती थी।

ऊपर से उतरकर दासी राजकुमार को साथ ले गई। साफ़ अलंसज्जित एक बड़े-से कमरे में २१-२२ साल की एक सुंदरी युवती पलँग पर, संध्या की संकुचित सरोजिनी की तरह, उदास बैठी हुई थी। पलकों के पत्र आँसुओं के शिशिर से भारी हो रहे थे। एक ओर एक विश्रृंखल अँगरेज़ी संवाद-पत्र पड़ा हुआ था।

"कई रोज़ बाद आए, रज्जू बाबू, अच्छे हो?" युवती ने सहज धीमे स्वर से पूछा।

"जी।" राजकुमार ने पलँग के पास जा, हाथ जोड़ सिर झुका दिया।

"बैठो!" कंधे पर हाथ रख युवती ने प्रति-नमस्कार किया।

पास की एक कुर्सी पलंग के बिलकुल नज़दीक खींचकर राजकुमार बैठ गया।

"रज्जू बाबू, तुम बड़े मुरझाए हुए हो, चार ही रोज़ में आधे रह गए, क्या बात?"

"तबियत अच्छी नहीं थी।" इच्छा के रहते हुए भी राजकुमार को अपनी विपत्ति की बातें बतलाना अनुचित जान पड़ा।

"कुछ खाया तो क्यों होगा?" युवती ने सस्नेह पूछा।

"नहीं, इस वक़्त नहीं खाया।" राजकुमार ने चिंता से सिर झुका लिया।

"महरी—" महरी सुखासन में बैठी हुई, कुछ बीड़ों में चूना और कत्था छोड़, "चिट्ट-चिट्ट" सुपारी कतर रही थी। आवाज़ पा, सरौता रखकर दौड़ी।

"जी।" महरी पलँग की बग़ल में खड़ी हो गई।

"मिठाई, नमकीन और कुछ फल तश्तरी में ले आना।" महरी चली गई।

"हम लोग बड़ी विपत्ति में फँस गए हैं, रज्जू बाबू, अख़बार में तुमने पढ़ा होगा।"

"हाँ, अभी ही पढ़ा है। पर विशेष बातें कुछ समझ नहीं सका।"

"मुझे भी नहीं मालूम। छोटे बाबू ने तुम्हारे भैया को लिखा था कि वह वहाँ किसानों का संगठन कर रहे हैं। इसके बाद ही सुना, लखनऊ-षड्यंत्र में गिरफ्तार हो गए।" युवती की आँखें भर आईं।

राजकुमार ने एक लंबी साँस ली। कुछ देर कमरा प्रार्थना-मंदिर की तरह निस्तब्ध रहा।

"बात यह है कि राजकर्मचारी लोग बहुत जगह अकारण लांछन लगाकर दूसरे विभाग के कार्य-कर्ताओं को भी पकड़ लिया करते हैं।"

"अभी तो ऐसा ही ज्ञान पड़ता है।"

"ऐसी ही बात होगी बहूजी, और जो लोग छिपकर बागी हो जाते हैं, उन्हें बागी करने की जिम्मेदारी भी यहीं के अधिकारियों पर है। उनके साथ इनका कुछ ऐसा तीखा बर्ताव होता है, वे जैसी नीच निगाह से उन्हें देखते हैं, ये लोग बरदाश्त नहीं कर सकते, और उनकी मनुष्यता, जिस तरह भी संभव हुआ, इनके अधिकारों के विरुद्ध विद्रोह की घोषणा कर बैठती है।"

"मुमकिन है, ऐसा ही कुछ छोटे बाबू के साथ भी हुआ हो।"

"बहूजी, चलते समय भैयाजी और कुछ भी तुमसे नहीं

कह गए ?" तेज निगाह से राजकुमार ने युवती को देखकर कहा।

"ना।" युवती सरल नेत्रों से इसका आशय पूछ रही थी।

"यहाँ चंदन की किसी दूसरी तरह की चिट्ठियाँ तो नहीं हैं ?"

युवती घबराई हुई—"मुझे नहीं मालूम !"

"उनकी विप्लवात्मक किताबें तो होंगी, अगर ले नहीं गए ?"

"मैंने उनकी आलमारी नहीं देखी।" युवती का कलेजा धक्-धक् करने लगा।

"तअज्जुब क्या अगर कल पुलिस यहाँ सर्च करे ?"

युवती त्रस्त चितवन से सहायता की प्रार्थना कर रही थी। "अच्छा हुआ तुम आ गए रज्जू बाबू, मुझे इन बातों से बड़ा डर लग रहा है।"

"बहूजी !" राजकुमार ने चिंता की नजर से, कल्पना द्वारा दूर परिणाम तक पहुँचकर पुकारा।

"क्या ?" स्वर के तार में शंका थी।

"ताली तो आलमारियों की होगी तुम्हारे पास ? चंदन की पुस्तकें और चिट्ठियाँ जितनी हों, सब एक बार देखना चाहता हूँ।"

युवती घबराई हुई उठकर द्वार की ओर चली। खोलकर तालियों का एक गुच्छा निकाला। राजकुमार के आगे-आगे जीने से नीचे उतरने लगी, पीछे, राजकुमार अवश्यंभावी विपत्ति पर अनेक प्रकार की कल्पनाएँ करता हुआ नीचे एक

बड़े से हाल के एक ओर एक कमरा था। यह चंदन का कमरा था। वह जब यहाँ रहता था, प्रायः इसी कमरे में बंद रहा करता था। ऐसा ही उसे पढ़ने का व्यसन था। कमरे में कई आलमारियाँ थीं। आलमारियों की अद्भुत किताबें राजकुमार की स्मृति में अपनी करुणा की कथाएँ कहती हुई सहानुभूति की प्रतीक्षा में मौन ताक रही थीं। कारागार उन्हें असह्य हो रहा था। वे शीघ्र अपने प्रिय के पाणिग्रहण की आशा कर रही थीं।

"बहूजी, गुच्छा मुझे दे दो।"

राजकुमार ने एक आलमारी खोली। एक, दो, तीन, चार, पाँच, छः, सात, आठ, किताबें निकालता हुआ फटाफट फ़र्श पर फेंक रहा था।

युवती यंत्र की तरह एक टेबिल के सहारे खड़ी अपलक दृष्टि से उन किताबों को देख रही थी।

दूसरी, तीसरी, चौथी, पाँचवीं, छठी, कुल आलमारियों की राजकुमार ने अच्छी तरह तलाशी ली। ज़मीन पर क़रीब-क़रीब डेढ़-दो सौ किताबों का ढेर लग गया।

फ़्रांस, रूस, चीन, अमेरिका, भारत, इजिप्ट, इँगलैंड, सब देशों की, सजीव स्वर में बोलती हुई स्वतंत्रता के अभिषेक से हास-मुख, मनुष्य को मनुष्यता की शिक्षा देनेवाली किताबें थीं। राजकुमार दो मिनट तक दोनो हाथ कमर से लगाए उन किताबों को देखता रहा। युवती राजकुमार को देख रही

थी। टप-टप कई बूँद आँसू राजकुमार की आँखों से गिर गए। उसने एक ठंडी साँस ली।

मुकुलित आँखों से युवती भविष्य की शंका की ओर देख रही थी।

"ये कुल किताबें अब चंदन के राजनीतिक चरित्र के लिये आपत्तिकर हो सकती हैं।"

"जैसा जान पड़े, करो।"

"भैयाजी इन्हें जला देते।"

"और तुम?"

"मैं जला नहीं सकूँगा।"

"तब?"

"भाई चंदन, तुम जीते। मेरी सौंदर्य की कल्पना एक दूसरी जगह छिन गई, मेरी दृढ़ता पर तुम्हारी विजय हुई।" राजकुमार सोच रहा था, युवती राजकुमार को देख रही थी।

"इन्हें मैं अपने यहाँ ले जाऊँगा।"

"अगर तुम भी पकड़ लिए गए? न, रज्जू बाबू इनको फूँक दो।"

"क्या?"

राजकुमार की आँखों से युवती डर गई।

राजकुमार ने किताबों को एकत्र कर बाँधा। "और जहाँ-जहाँ आप जानती हों, जल्द देख लीजिए। अब तो दो बजे होंगे?"

युवती कर्तव्य-रहित की तरह निर्वाक् खड़ी राजकुमार की कार्यवाही देख रही थी। सचेत हो ऊपर की कोठरियों के कागज-पत्र देखने चली। कमरे के बाहर महरी खड़ी हुई मिली। एकाएक इस परिवर्तन को देखकर भीतर आने की उसकी हिम्मत नहीं हुई। दहशत खाई हुई बोली, जल-पान बड़ी देर से रक्खा है। युवती लौट आई। राजकुमार से कहा, रज्जू बाबू पहले कुछ जल-पान कर लो।

"आप जल्द जाइए, मैं खा लूँगा, वहीं टेबिल पर रखवा दीजिए।"

युवती चली गई। महरी ने वहीं चंदन की टेबिल पर तश्तरी रख दी। ढक दिया। लोटा ढक्कनदार जल-भरा और ग्लास रख दिया।

शीघ्र ही दुबारा कुल आलमारियों की जाँच कर ऊपर चला गया। दो-एक घरेलू पत्र ही मिले।

"तुमसे एक बात कहता हूँ।"

"कहो।"

"भैयाजी कब तक लखनऊ रहेंगे?"

"कुछ कह नहीं गए।"

"शायद जब तक चंदन का एक फ़ैसला न हो जाय, तब तक रहें।"

"संभव है।"

"आप एक काम करें।"

"क्या ?"

"चलिए, आपको आपके मायके छोड़ दूँ।"

युवती सोचती रही।

"सोचने का समय नहीं। जल्द हाँ-ना कीजिए।"

"चलो।"

"यहाँ सिपाही लोग रहेंगे। आवश्यक चीज़ें और अपने गहने और नक़द रुपए जो कुछ हों, ले लीजिए। शीघ्र सब ठीक कर लीजिए, जिससे चार बजे से पहले हम लोग यहाँ से निकल जायँ।"

"मुझे बड़ा डर लग रहा है, रज्जू बाबू !"

"मैं हूँ अभी, अभी कोई इंसान आपका क्या बिगाड़ लेगा ? मैं लौटकर आपको लैस देखूँ।"

राजकुमार गैरेज से मोटर ले आया। किताबों का लंबा-सा बँधा हुआ बंडल उठाकर सीट के बीच में रख बैठ गया। फिर कलकत्ते की तरफ़ उड़ चला।

अपनी कोठी पहुँचा। जिस तरह फाटक का छोटा दरवाज़ा वह खोलकर चिपका गया था, वैसा ही था, धक्के से खुल गया। सिपाही को फाटक बंद करने के समय छोटे दरवाज़े का ख़याल नहीं आया। राजकुमार किताबों का बंडल लेकर अपने कमरे में गया। बाक्स का सामान निकाल किताबें भर दीं। ताला लगा दिया। जल्दी में जो कुछ सूझा, बाँधकर बत्ती बुझा दी। दरवाज़ा बंद कर दिया।

फिर वह मोटर पर अपना सामान रख भवानीपुर चल दिया। जब भवानीपुर लौटा, तो तीन बजकर पंद्रह मिनट हुए थे।

"क्या-क्या लिया, देखूँ?"

युवती अपना सामान दिखलाने लगी। एक बाक्स में कुछ कपड़े, ८-१० हज़ार के गहने और २० हज़ार के नंबरी नोट थे। यह सब उसका अपना सामान था। महरी को मकान की झाड़-पोंछ करने के लिये वहीं रहने दिया। रक्षा के लिये चार दरबान थे। युवती ने सबको ऊपर बुलाया। अच्छी तरह रहकर मकान की रक्षा करते हुए सुख-पूर्वक समय पार करने के कुछ उपदेश दिए। दरबानों को विपत्ति की सूचना हो चुकी थी। कुछ न बोले।

महरी बाहर से दुखी थी, पर भीतर से एकांत की चिंता से ख़ुश थी। बहू का बाक्स उठाकर एक दरबान ने गाड़ी पर रख दिया। वह राजकुमार के साथ-साथ नीचे उतरी। गेट की बग़ल में शिवमंदिर था, मंदिर में जा भगवान् विश्वनाथ को भूमिष्ठ हो प्रणाम किया।

राजकुमार ने ड्राइवर को बुलाया। गाड़ी गेट के सामने लगाए हुए चारो तरफ़ देख रहा था। अपनी रिस्टवाच में देखा, साढ़े चार हो गया था। ड्राइवर आया, राजकुमार उतर पड़ा।

"जल्दी कीजिए।"

बहू प्रणाम कर लौट आई।

महरी ने पीछे की सीट का दरवाजा खोल दिया। बहू बैठकर कालीजी को प्रणाम करने लगी। बग़ल में राजकुमार बैठ गया। सामने सीट पर एक दरबान।

"अगर कोई पुलिस की तरफ़ से यहाँ आए, तो कह देना कि मकान में कोई नहीं है। अगर इस पर भी वे मकान की तलाशी लें, तो घबराना मत, और हरएक की पहले अच्छी तरह तलाशी ले लेना, रोज़ अच्छी तरह मकान देख लिया करना। अपनी तरफ़ से कोई सख्ती न करना। डरने की कोई बात नहीं।"

"अच्छा हुजूर।"

"चलो" राजकुमार ने ड्राइवर से कहा—"सियालदह।"

गाड़ी चल दी, सीधे चौरंगी होकर आ रही थी। अब तक अँधेरा दूर हो गया था। ऊषा उगते हुए सूर्य के दूर-प्रकाश से अरुण हो चली थी, जैसे भविष्य की क्रांति का कोई पूर्व लक्षण हो। राजकुमार की चिंताग्रस्त अमुप्त आँखें इसी तरह लाल हो रही थीं। बग़ल में अनवगुंठित बैठी हुई सुंदरी की आँखें भी, विषाद तथा अनिद्रा के भार से छलछलाई हुई, लाल हो रही थीं। गाड़ी सेंट्रल ऐवेन्यू पारकर अब बहूबाज़ार-स्ट्रीट से गुज़र रही थी। गर्मियों के दिन थे। सूर्य का कुछ-कुछ प्रकाश निकल चुका था। मोटर ठीक पूर्व जा रही थी। दोनो के मुख पर सुबह की किरणें पड़ रही थीं। दोनो के मुखों

की क्लांति प्रकाश में प्रत्यक्ष हो रही थी। एकाएक राजकुमार की दृष्टि स्वतःप्रेरित की तरह एक तिमंज़िले, विशाल भवन की तरफ़ उठ गई। युवती भी आकर्षक मकान देखकर ताकने लगी—बरामदे पर कनक रेलिंग पकड़े हुए एक दृष्टि से मोटर की तरफ़ देख रही थी, उसकी भी अनिंद्य-सुंदर आँखों में ऊषा की लालिमा थी। उसने राजकुमार को पहचान लिया। दोनो की आँखें एक ही लक्ष्य में चुभ गईं। कनक स्थिर खड़ी ताकती रही। राजकुमार ने आखें झुका लीं। उसे कल के लोगों की बातें याद आईं—घृणा से सर्वांग जर्जर हो गया।

"बहूजी, देखा।"

"हाँ, इस ख़ूबसूरत लड़की को?"

"हाँ, यही ऐक्ट्रेस कनक है।"

मोटर मकान पार कर गई। राजकुमार बैठा रहा। युवती ने फिरकर फिर देखा। कनक वैसी ही खड़ी ताक रही थी।

"अभी देख रही है। तुमको पहचान लिया शायद।"

राजकुमार कुछ न बोला।

जब तक मोटर अदृश्य नहीं हो गई, कनक खड़ी हुई ताकती रही।

(१२)

दर्द पर एक चोट और लगी। कनक कलेजा थामकर रह गई। "वज्र की तरह ऐसे ही लोग कठोर हुआ करते हैं।"

पहले जीवन में एकांत की कल्पना ने जिन शब्दों का हार गूँथा था, उसकी लड़ी में यति-भंग हो गया। तमाम रात प्रणय के देवता के चरणों में पड़ी रोकर भोर कर दिया। प्रातःकाल ही उनके सत्य-आसीस का कितना बड़ा प्रमाण! अब वह समय की सरिता सागर की ओर नहीं, सूखने की ओर बढ़ रही थी। जितना ही आँसुओं का प्रवाह बढ़ रहा था, हृदय उतना ही सूख रहा था।

बरामदे से चलकर वह फिर पलँग पर पड़ रही। कलेजे पर साँप लोट रहा था।

कितना अपमान! यह वही राजकुमार था, जिसने एक सच्चे वीर की तरह उसे बचाया था। छिः-छिः! इसी दृढ़-प्रतिज्ञ मनुष्य की जबान थी—तुम मेरे शरीर की आत्मा हो!

"तुम मेरी कल्पना की तसवीर हो, रूप की रेखा, डाल की कली, गले की माला, स्नेह की परी, जल को तरंग, रात की चाँदनी, दिन की छाँह हो!"—यह उसी राजकुमार की प्रतिज्ञा है!

कनक ने उठकर बिजली का पंखा खोल दिया। पसीना सूख गया, हृदय की आँच और तेज़ हो गई। इच्छा हुई, राजकुमार को ख़ूब भली-बुरी सुनावे—"तुम आदमी हो?—एक बात कहकर फिर भूल जानेवाले तुम—तुम आदमी हो? तुम होटलों में खानेवाले मेरे हाथ का पकाया भोजन नहीं खा सकते?"

'यह कौन थी ? होगी कोई !—मुझसे जरूरत ? नः, इधर गई है, पता लेना ही चाहिए, यह थी कौन ? मयना !"

मयना सामने खड़ी हो गई।

"गाड़ी जल्द तैयार करना।"

रात ही को, राजकुमार के चले जाने के बाद, कनक ने गहने उतार डाले थे। जिस वस्त्र में थी, उसी में, जूते पहन, खटाखट नीचे उतर गई। इतना जोश था, जैसे तबियत ख़राब हुई ही नहीं।

"खोजने जाऊँ ? नः।"

नीचे मोटर तैयार थी, बैठ गई।

"किस तरफ़ चलें ?" ड्राइवर ने पूछा।

राजकुमार की मोटर सियालदह की ओर गई थी। उसी तरफ़ देखती रही।

"इस तरफ़।" दूसरी तरफ़, वेलेस्ली-स्क्वायर की तरफ़ चलने के लिये कहा।

मोटर चल दी। धर्मतल्ला मोटर पहुँची, तो बाएँ हाथ चलने के लिये कहा। वह राह भी सियालदह के क़रीब समाप्त हुई है। नुक्कड़ पर पहुँची, तो स्टेशन की तरफ़ चलने के लिये कहा।

कनक ने राजकुमार की मोटर का नंबर पीछे से देख लिया था। सियालदह-स्टेशन पर कई मोटरें खड़ी थीं। उतरकर देखा, उस मोटर का नंबर नहीं मिला। कलेजे में

फिर नई लपटें उठने लगीं। स्टेशन पर पूछा, क्या अभी कोई गाड़ी गई है ?

"सिक्स अप एक्सप्रेस गया।"

"कितनी देर हुई ?"

"सात-पाँच पर छूटता है।"

खड़ी रह गई।

"कैसी आदमियत ! देखा, पर मिलना उचित नहीं समझा। और मैं, मैं पीछे लगी फिरती हूँ। बस। अब, अब मेरे पैरों भी पड़े, तो मैं उधर देखूँ नहीं।" कनक चिंता में डूब रही थी। भीतर-बाहर, पृथ्वी-अंतरिक्ष सब जगह जैसे आग लग गई है। संसार आँखों के सामने रेगिस्तान की तरह तप रहा है। शक्ति का, सौंदर्य का एक भी चित्र नहीं देख पड़ता। पहले की जितनी सुकुमार मूर्तियाँ कल्पना के जाल में आप ही फँस जाया करती थीं, अब वे सब जैसे पकड़ ली गई हैं। किसी ने उन्हें इस प्रलय के समय अन्यत्र कहीं विचार करने के लिये छोड़ दिया है।

कनक मोटर पर आकर बैठ गई।

"घर चलो।"

ड्राइवर मोटर ले चला।

कनक उतरी कि एक दरबान ने कहा, मेम साहब बैठी हैं। कनक सीधे अपने पढ़नेवाले कमरे में चली गई। मेम साहब सर्वेश्वरी के पास बैठी हुई बातचीत कर रही थीं।

राजकुमार के जाने के बाद से सर्वेश्वरी के मन में आकस्मिक एक परिवर्तन हो गया। अब वह कनक पर नियंत्रण करना चाहती थी। पर उसे मनुष्य के स्वभाव की बड़ी गहरी पहचान थी। कुछ दिन अभी कुछ न बोलना ही वह उचित समझती थी। कैथरिन की इस संबंध में उसने सलाह ली। बहुत कुछ वार्तालाप हो चुकने के बाद उसने कैथरिन को कनक के गार्जन के तौर पर कुछ दिनों के लिये नियुक्त कर लेना उचित समझा। कैथरिन ने भी छः महीने तक के लिये आपत्ति नहीं की। फिर उसे योरप जाना था। उसने कहा था कि अच्छा हो, अगर उस समय वे कनक को पश्चिमी आर्ट, नृत्य, गीत और अभिनय की शिक्षा के लिये योरप भेज दें। कनक में जैसा एकाएक परिवर्तन हो गया था, उसका खयाल कर सर्वेश्वरी इस शिक्षा पर उसके प्रवृत्त होने की शंका कर रही थी। अतएव कैथरिन को मोड़ फेर देने लिये नियुक्त कर लिया था। कनक के आने की खबर मिलते ही सर्वेश्वरी ने बुलाया।

"माजी बुलाती हैं।" मयना ने कहा। कनक माता के पास गई।

"मेम साहब से तुम्हारी ही बातें हो रही थीं।"

कनक की भौंहों में बल पड़ गए। कैथरिन ताड़ गई। कहा—"यही कि अगर कुछ और बाक़ायदा पढ़ लेती, तो और अच्छा होता।" कनक खड़ी रही।

"तुम्हारी तबियत कैसी है ?"

"अच्छी है।" कनक ने तीव्र दृष्टि से कैथरिन को देखा।

"योरप चलने का विचार है ?"

"हाँ, सेप्टेंबर में तै रहा।"

"अच्छी बात है।"

सर्वेश्वरी कनक की बेफाँस आवाज़ से प्रसन्न हो गई। माता की बग़ल में कनक भी बैठ गई।

"विजयपुर के राजकुमार का राजतिलक है।"

कनक काँप उठी, जैसे जल की तरंग, अपने मन में बहती हुई सोचने लगी—"राजकुमार का राजतिलक !" स्पष्ट कहा, "हाँ।"

"हमने बयाना ले लिया, दो सौ रोज़, खर्च अलग।"

"कब है ?"

"हमें परसों पहुँच जाना चाहिए।"

"मैं भी चलूँगी।"

"तुम्हें बुलाया है, पर हमने इनकार कर दिया।"

कनक माता को देखने लगी।

"क्या करते ? हमने सोचा, शायद तुम्हारा जाना न हो।"

"नहीं, मैं चलूँगी।"

"तुम्हारे लिये तो और आग्रह करते थे। मेम साहब, क्या उस वक़्त साथ चलने के लिये आपको फ़ुर्सत होगी ?"

"फ़ुर्सत कर लिया जायगा।" मेम साहब की आँखें रुपयों की चर्चा से चमक रही थीं।

"तुमको ५००) रोज़ देंगे, अगर तुम महफ़िल में जाओ। यों १००) रोज़ सिर्फ़ उनसे मुलाक़ात कर लेने के।"

कनक के हृदय में एक साथ किसी ने हजार सुइयाँ चुभो दीं। दर्द को दबाकर बोली—"उतरूँगी।"

सर्वेश्वरी की मुर्झाई हुई लता पर आषाढ़ की शीतल वर्षा हो गई। "यह बात है, अपने को सँभाल लो, तमाम उम्र ख़राब कर देने से फ़ायदा क्या ?"

हृदय की खान में बारूद का धड़ाका हुआ।

करुण अधखुली चितवन से कनक राजकुमार का चित्र देख रही थी, जो किसी तरह भी हृदय के पट से नहीं मिट रहा था। कह रही थी—"सुनते हो ?—पुरुष, यह सब मुझे किसकी ग़लती से सुनना पड़ रहा है, चुपचाप, दर्द को थामकर ?"

"तो तै रहा ?"

"हाँ, तै है।"

"तार कर दिया जाय ?"

"कर दीजिए।"

"तुम ख़ुद लिखो, अपने नाम से।"

कनक झपटकर उठी। अपने पढ़नेवाले कमरे से एक तार

लिख लाई—"राजा साहब, आपका तार मिला। मैं अपनी माता के साथ आपकी महफ़िल करने आ रही हूँ।"

सर्वेश्वरी तार सुनकर बहुत प्रसन्न हुई।

"सुनो।" कैथरिन कनक को साथ अलग बुला ले गई। उसके चेहरे पर हवाइयाँ उड़ रही थीं। कनक के स्वभाव का ऐसा चित्र उसने आज ही देखा था। वह उसे ऊपर उसके कमरे में बुला ले गई। (वहाँ अँगरेज़ी में कहा)

"तुम्हारा जाना अच्छा नहीं।"

"बुरा क्या है ? मैं इसीलिये पैदा हुई हूँ।"

"राजा लोग, मैंने सुना है, बहुत बुरी तरह पेश आते हैं।"

"हम लोग रुपए पाने पर सब तरह का अपमान सह लेती हैं।"

"तुम्हारा स्वभाव पहले ऐसा नहीं था।"

"पहले बयाना भी नहीं आता था।"

"तुम योरप चलो, यहाँ के आदमी क्या तुम्हारी क़द्र करेंगे ? मैं वहाँ तुम्हें किसी लॉर्ड से मिला दूँगी।"

कनक की नसों में किसी ने तेज़ झटका दिया। वह कैथरिन को देखकर रह गई।

"तुम क्रिश्चियन हो जाओ; राजकुमार तुम्हारे लायक़ नहीं। वह क्या तुम्हारी क़द्र करेगा ? वह तुमसे दबता है, रद्दी आदमी।"

"मैडम !" कड़ी निगाह से कनक ने कैथरिन को देखा।

आँखों की बिजली से कैथरिन काँप उठी। कुछ समझ न सकी।

"मैं तुम्हारे भले के लिये कहती हूँ, तुम्हें ठीक राह पर ले चलने का मुझे अधिकार है।"

कनक सँभल गई।—"मेरी तबियत अच्छी नहीं, माफ़ कीजिएगा, इस वक्त मुझे छुट्टी दीजिए।"

कनक को देखती हुई कैथरिन खड़ी हो गई। कनक बैठी रही। कैथरिन नीचे उतर गई।

"इसका दिमाग़ इस वक्त कुछ ख़राब हो रहा है। आप डॉक्टर की सलाह लें।" कहकर कैथरिन चली गई।

(१३)

कनक की आँखों के झरोखे से प्रथम यौवन के प्रभात-काल में तमाम स्वप्नों की सफलता के रूप से राजकुमार ने ही झाँका था और सदा के लिये उसमें एक शून्य रखकर तिरोहित हो गया। आज कनक के लिये संसार में ऐसा कोई नहीं, जितने लोग हैं, टूटे हुए उस यंत्र को बार-बार छेड़कर उसके बेसुरेपन का मज़ाक़ उड़ानेवाले। इसीलिये अपने आपमें चुपचाप पड़े रहने के सिवा उसके लिये दूसरा उपाय नहीं रह गया। जो प्रेम कभी थोड़े समय के लिये उसके अंधकार-हृदय को मणि की तरह प्रकाशित कर रहा था, अब दूसरों की परिचित आँखों के प्रकाश में वह जीवन के कलंक की तरह स्याह पड़ गया है। अंधकार पथ पर जिस

एक ही प्रदीप को हृदय में अंचल से छिपा वह अपने जीवन के तमाम मार्ग को आलोकमय कर लेना चाहती थी, हवा के एक अ-कारण झोंके से वह दीप ही गुल हो गया।—उस हवा के आने की पहले ही उसने कल्पना क्यों नहीं की—अब? अभी तो तमाम पथ ही पड़ा हुआ है। अब उसका कोई लक्ष्य नहीं, वह दिग्यंत्र ही अचल हो गया है; अब वह केवल प्रवाह की अनुगामिनी है।

और राजकुमार? प्रतिश्रुत युवक के हृदय की आग रह-रहकर आँखों से निकल पड़ती है। उसने जाति, देश, साहित्य और आत्मा के कल्याण के लिये अपने तमाम सुखों का बलिदान कर देने की प्रतिज्ञा की थी। पर प्रथम ही पदक्षेप में इस तरह आँखों में आँखें बिंध गईं कि पथ का ज्ञान ही जाता रहा। अब वह बार-बार अपनी भूल के लिये पश्चात्ताप करता है, पर अभी उसकी दृष्टि पूर्ववत् साफ़ नहीं हुई। कनक की कल्पना-मूर्ति उसकी तमाम प्रगतियों को रोककर खड़ी हो जाती और प्रत्येक समर में राजकुमार की वास्तव शक्ति उस छाया-शक्ति से परास्त हो जाती है। तमाम बाहरी कार्यों के भीतर राजकुमार का यह मानसिक द्वंद्व चलता जा रहा है।

आज दो दिन से वह युवती के साथ उसके मायके में है। वहीं से उसको वहाँ ले जाने की खबर तार द्वारा लखनऊ भेज दी। चंदन के बड़े भाई, नंदनसिंह ने तार से सूचित

किया कि कोई चिंता न करें, मुमकिन है, चंदन को मुक्ति मिल जाय। इस खबर से मकान के लोग प्रसन्न हैं। राजकुमार भी कुछ निश्चिंत हो गया। गर्मियों की छुट्टी थी, कलकत्ते के लिये विशेष चिंता न थी।

युवती को उसके पिता-माता, बड़े भाई और भावजें तारा कहकर पुकारती थीं। तभी राजकुमार को भी उसका नाम मालूम हुआ। राजकुमार के नाम जान लेने पर युवती कुछ लज्जित हुई थी।

राजकुमार का अस्त-व्यस्त सामान युवती के सुपुर्द था। पहले दो-एक रोज़ तक सँभालकर रखने की उसे फ़ुर्सत नहीं मिली। अब एक दिन अवकाश पा राजकुमार के कपड़े झाड़-झाड़ तहकर रखने लगी। कनक के मकानवाले कपड़े एक में लपेटे अछूत की तरह एक बाल्टी की डंडी में बँधे हुए थे। युवती ने पहले वही गठरी खोली, देखा, भीतर एक जोड़ी जूते भी थे। सभी कपड़े क़ीमती थे। युवती उनकी दशा देख राजकुमार के गार्हस्थ्य-ज्ञान पर खूब हँसी। जूते, धोती, क़मीज़, कोट अलग कर लिए। क़मीज़ और कोट से एसेंस की महक आ रही थी। झाड़-झाड़कर कपड़ों की चमक देखने लगी। दाहनी बाँह पर एक लाल धब्बा था। देखा, ग़ौर से फिर देखा, संदेह जाता रहा। वह सिंदूर ही का धब्बा था। अब राजकुमार पर उसका संदेह हुआ। रज्जू बाबू को वह महावीर तथा भीष्म ही की तरह चरित्रवान् समझती थी।

उसके पति भी रज्जू बाबू की इज्ज़त करते थे। उसकी सास उन्हें चंदन से बढ़कर समझती थी। पर यह क्या ? यह सिंदूर ? सूँघा, ठीक, सिंदूर ही था।

युवती ने संदेह को सप्रमाण सत्य कर लेने के निश्चय से राजकुमार को बुलाया। एकांत था। युवती के हाथ में कोट देखते ही राजकुमार की दृष्टि में अपराध की छाप पड़ गई। युवती हँसने लगी—मैं समझ गई। राजकुमार ने सिर झुका लिया।

"यह क्या है ?" युवती ने पूछा।

"कोट।"

"अजी, यह देखो, यह।" धब्बा दिखाती हुई।

"मैं नहीं जानता।"

"नहीं जानते ?"

"नहीं।"

"यह किसी की माँग का सेंदुर है जनाब।"

सेंदुर सुनते ही राजकुमार चौंक पड़ा।—"सेंदुर ?" "हाँ—हाँ—सेंदुर—सेंदुर—देखो।"

राजकुमार की नज़रों से वास्तव जगत् ग़ायब हो रहा था। "क्या यह कनक की माँग का सेंदुर है ? तो क्या कनक ब्याही हुई है ?" हृदय को बड़ी लज्जा हुई—कहा, "बहूजी, इसका इतिहास बहुत बड़ा है। अभी तक मैं चंदन की चिंता में था, इसलिये नहीं बतला सका।"

"अब बतलाओ।"

"हाँ, मुझे कुछ छिपाना थोड़े ही है? बड़ी देर होगी।"

"अच्छा, ऊपर चलो।"

युवती राजकुमार को ऊपर एक कमरे में ले गई।

युवती चित्त को एकाग्र कर कुल कहानी सुनती रही।

"कहीं-कहीं छूट रही है, जान पड़ता है, सब घटनाएँ तुम्हें नहीं मालूम। जैसे उसे तुम्हारी पेशी की बात कैसे मालूम हुई, उसने कौन-कौन-सी तदबीर की?" युवती ने कहा।

"हाँ, मुमकिन है; जब मैं चलने लगा, तब उसने कहा भी था कि बस आज के लिये रहो, तुमसे बहुत कुछ कहना है।"

"आह! सब तुम्हारा क़ुसूर है, तुम इतने पर भी उस पर कलंक की कल्पना करते हो?"

राजकुमार को एक हूक लगी। घबराया हुआ युवती की ओर देखने लगा।

"जिसने तुम्हारी सबसे नज़दीक की बनने के लिये इतना किया, तुम्हें उसे इसी तरह का पुरस्कार देना था? प्रतिज्ञा तो तुमने पहले की थी, कनक क्या तुम्हें पीछे नहीं मिली?"

राजकुमार की छाती धड़क रही थी।

"लोग पहले किसी भी सुंदर वस्तु को उत्सुक आँखों से देखते हैं, पर जब किसी दूसरे स्वार्थ की याद आती है, आँखें फेरकर चल देते हैं, क्या तुमने भी उसके साथ ऐसा ही नहीं किया?" युवती ने कहा।

राजकुमार के हृदय ने कहा, हाँ, ऐसा ही किया है। जबान से उसने कहा, नीचे कुछ लोगों को उसके चरित्र की अश्राव्य आलोचना करते हुए मैंने सुना है।

"झूठ बात। मुझे विश्वास नहीं। तुम्हारे कानों ने धोखा दिया होगा। और किसी के कहने ही पर तुम क्यों गए? इसलिये कि तुम खुद उस तरह का कुछ उसके संबंध में सुनना चाहते थे।"

राजकुमार का मन युवती की तरफ़ हो गया।

युवती मुस्किराई—"तो चलते समय की धर-पकड़ का दाग़ है—क्यों?"

राजकुमार ने गर्दन झुका ली।

"इतने पर भी नहीं समझे रज्जू बाबू? यह आप ही के नाम का सिंदूर है।" राजकुमार को असंकुचित देखती हुई युवती हँस रही थी—"आपसे प्रेम की भी कुछ बातें हुईं?"

"मैंने कहा था, तुम मेरी कविता हो।"

युवती खिलखिलाकर हँसी—"कैसा चोर पकड़ा? फिर आपकी कविता ने क्या जवाब दिया?"

"कवि लोग अपनी ही लिखी पंक्तियाँ भूल जाते हैं।"

"कैसा ठीक कहा। क्या अब भी आपको संदेह है?"

राजकुमार के मस्तक पर एक भार-सा आ पड़ा।

"रज्जू बाबू, तुम ग़लत राह पर हो।"

राजकुमार की आँखें छलछला आईं।

"मैं बहुत शीघ्र उससे मिलना चाहती हूँ। छिः, रज्जू बाबू; किसी की जिंदगी बरबाद कर दोगे ?—और उसकी, जबान से जिसके हो चुके।"

"हम भी जायँगे दीदी—" एक आठ साल का बालक दौड़ता हुआ ऊपर चढ़ गया, और दोनो हाथों में अपनी बैठी हुई बहन का गला भर लिया—"दीदी—आज राजा साहब के यहाँ गाना होगा। हम भी जायँगे। बड़े दादा जायँगे, मुन्नो जायगा। हम भी जायँगे।" बालक उसी तरह पकड़े हुए थिरक रहा था।

"किसका गाना है ?" युवती ने बच्चे से पूछा।

"कनक, कनक, कनक का" बालक आनंद से थिरक रहा था।

युवती और राजकुमार गंभीर हो गए। बच्चे ने गला छोड़ दिया। बहन की मुद्रा देखी, फिर फुर्ती से जीने के नीचे उतर, दौड़ता हुआ ही मकान से बाहर निकल गया।

युवराज का अभिषेक है, यह दोनो जानते थे। विजयपुर वहाँ से मील-भर है। युवती के पिता स्टेट के कर्मचारी थे। बालक की बात पर अविश्वास करने का कोई कारण न था।

"देखा बहूजी," राजकुमार ने अपने अनुभव-सत्य की दृढ़ता से कहा।

"अभी कुछ कहा नहीं जा सकता; रज्जू बाबू, किसके मन में कौन-सी भावना है, इसका दूसरा अनुमान लगाए, तो ग़लती का होना ही अधिक संभव है।"

"अनुमान कभी-कभी सत्य ही होता है।"

"पर तुम्हारी तरह का अनुमान नहीं।"

अब तक कई लड़के आँगन में खड़े हुए तालियाँ पीटते थिरकते हुए, हम भी जायँगे, हम भी जायँगे, सम स्वर में घोर संगीत छेड़े हुए थे।

युवती ने झरोखे से लड़कों को एक बार देखा। फिर राजकुमार की तरफ़ मुँह करके कहा कि बहुत अच्छा हो, अगर आज ही स्टेशन पर कनक से मिला जाय। गाड़ी, एक ही, पूरब की, चार बजे आती है।

"नहीं, यह किसी तरह भी ठीक नहीं। आपको तो मैं मकान से बाहर निकलने की राय दे ही नहीं सकता, और इस तरह के मामले में!"

"किसी बहाने मिल लेंगे", युवती उत्सुक हो रही थी।

"किसी बहाने भी नहीं, बहूजी, स्टेट की बातें आपको नहीं मालूम।"

राजकुमार गंभीर हो गया। युवती त्रस्त हो संकुचित हो गई—

"पर मुझे एक दफ़ा ज़रूर दिखा दो", करुणाश्रित सहानुभूति की दृष्टि से देखती हुई युवती ने राजकुमार का हाथ पकड़ लिया।

"अच्छा।"

(१४)

दो रोज़ और बीत गए। अंगों के ताप से कनक का स्वर्ण-रंग और चमक उठा। आँखों में भावना मूर्तिमती हो गई। उसके जीवन के प्रखर स्रोत पर मध्याह्न का तपन तप रहा था, जिससे वाष्प के बाह्यावरण के भीतर-प्रवाह पर भावनाओं के सूर्य के सहस्रों ज्योतिर्मय पुष्प खुले हुए थे। पर उसे इसका ज्ञान न था। वह केवल अपने बाहरी आवरण को देखकर दैन्य में मुरझा रही थी। जिस स्नेह की डोर से उसके प्रणय के हाथों ने राजकुमार को बाँधा था, केवल वही अब रिक्त उसके हाथों में रह गई है।

अब उसकी दृष्टि में कर्तव्य का ज्ञान नहीं रहा, स्वयं ही संचालित की तरह बाह्य वस्तुओं पर बैठती और फिर वहाँ से उसी की तरह हताश हो उठ आती है। उससे उसकी आत्मा का संयोग नहीं रहता, जैसे वह स्वयं, अब अकेली रह गई। इस आकांक्षा और अप्राप्ति के अपराजित समर में उन्हीं की तरह, वह भी उच्छृंखल हो गई है। माता के साथ अलक्ष्य गति पर चलती हुई तभी वह गाने के लिये राजी हो गई। जिस जीवन का राजकुमार की दृष्टि में भी आदर नहीं हुआ। उसका अब उसकी दृष्टि में भी कोई महत्त्व नहीं।

सर्वेश्वरी कनक को प्रसन्न रखने के हर तरह के उपाय करती, पर कन्या को हर जगह वह वीतराग देखती। जिससे

भविष्य के सुख पर संदेह बढ़ रहा था। वह देखती, चिंता से उसके अचंचल कपोलों पर आत्मसम्मान की एक दिव्य ज्योति खुल पड़ती थी, जिससे उसे कुछ त्रस्त हो जाना पड़ता, और कनक की देह की हरियाली के ऊपर से जेठ की लू बह जाती थी। जल की मराल-बालिका को स्थल से फिर जल में ले जाने की सर्वेश्वरी कोशिश किया करती थी। पर उसका इच्छित तड़ाग दूर था। जिस सरोवर में वह उसे छोड़ना चाहती, वह उसे पंकिल देख पड़ता। स्वयंनिर्मित रूप का जब अस्तित्व ही नहीं रहा; तब कला की निर्जीव मूर्तियों पर कब तक उसकी दृष्टि रम सकती थी?

सर्वेश्वरी के चलने का समय आया। तैयारियाँ होने लगीं। कपड़े, अलंकार, पेशवाज़, साज-सामान आदि बँधने लगे। आकाश की उड़ती हुई परी, पर काटकर, कमरे में क़ैद की जाने लगी—सुख के सागर की बालिका जी बहलाने के लिये कृत्रिम सरोवर में छोड़ दी गई—जीवन के दिन सुख से काटने के विचार से कनक को अपना पेशा इख्तियार करने की पुनश्च सलाह दी जाने लगी। सर्वेश्वरी के साथ वाद्यकार लोग भी जमा हो गए। और अनेक तरह की स्तुतियों से कनक को प्रसन्न करने लगे।

कनक रात्रि के सौंदर्य की तरह इन सबकी आँखों से छिप गई। रही केवल गायिका-नायक कनक। अपनी तमाम चंद्रिकाओं के साथ बादलों की आड़ से अब

ज्योत्स्ना एक दूसरे ही लोक में थी, यहाँ उसकी छाया-मात्र रह गई थी।

कनक तार कर चुकी थी। चलते समय इनकार नहीं किया। सर्वेश्वरी कुछ देर तक कैथरिन की प्रतीक्षा करती रही। पर जब गाड़ी के लिये, सिर्फ़ आधा घंटा समय रह गया, तब परमात्मा को मन-ही-मन स्मरण कर, मोटर पर बैठ गई। कनक भी बैठ गई। कनक समझ गई, कैथरिन के न आने का कारण उस रोज़ का जवाब होगा।

कनक और सर्वेश्वरी को फ़र्स्ट क्लास का किराया मिला था। कनक को नहीं मालूम था कि कभी कुँवर साहब को वह इतनी तेज़ निगाह से देख चुकी है कि देखते ही पहचान लेगी। सर्वेश्वरी भी नहीं जानती थी कि कुँवर साहब के आदमी कभी उसके मकान आकर लौट गए हैं, वही कुँवर साहब बालिग़ होकर अब राजा साहब के आसन पर लाखों प्रजाओं का शासन करेंगे।

रेल समय पर, ठीक चार बजे शाम को, विजयपुर-स्टेशन पहुँची। विजयपुर वहाँ से तीन कोस था। पर राजधानी होने के कारण स्टेशन का नाम विजयपुर ही रक्खा गया था। राजा साहब, इनके पिता, ने इसी नाम से स्टेशन करने के लिये बड़ी लिखा-पढ़ी की थी, कुछ रुपए भी दिए थे। कंपनी उन्हीं के नाम से स्टेशन कर देना चाहती थी, पर राजा साहब पुराने विचारों के मनुष्य थे। रुपए को नाम से

अधिक महत्त्व देते थे। कंपनी की माँगी हुई रक़म देना उन्हें मंजूर न था। कहते हैं, एक बार स्वाद की बातचीत हो रही थी, तो उन्होंने कहा था कि बासी दाल में सरसों का तेल डालकर खाय, तो ऐसा स्वाद और किसी सालन में नहीं मिलता। वे नहीं थे, पर ग़रीबों में उनकी यह कीर्ति-कथा रह गई थी।

स्टेशन पर कनक के लिये कुँवर साहब ने अपनी मोटर भेज दी थी। सर्वेश्वरी के लिये विज़िटर्स मोटर और उसके आदमियों के लिये एक लारी।

तार पाने के पश्चात् अपने कर्मचारियों में कुँवर साहब ने कनक की बड़ी तारीफ़ की थी, जिससे ६-७ कोस के इर्दगिर्द एक ही दिन में खबर फैल गई कि कलकत्ते की एक तवायफ़ आ रही है, जिसका मुक़ाबला हिंदोस्तान की कोई भी गानेवाली नहीं कर सकती। आज दो ही बजे से तमाम गाँवों के लोग एकत्र होने लगे थे। आज ही से महफ़िल शुरू थी।

कनक माता के साथ ही विज़िटर्स कार पर बैठने लगी, तो एक सिपाही ने कहा—"कनक साहब के लिये महाराज ने अपनी मोटर भेजी है।"

"तुम उस पर बैठो।" सर्वेश्वरी ने कहा।

"नहीं, इसी पर चलूँगी।"

"यह क्या ? हम जैसा कहें, वैसा करो।"

कनक उठकर राजा साहब की मोटर पर चली गई। ड्राइ-

वर कनक को ले चला। सर्वेश्वरी की मोटर खड़ी रही। कहने पर भी ड्राइवर "चलते हैं, चलते हैं।" इधर-उधर करता रहा। कभी पानी पीता, कभी पान खाता, कभी सिगरेट सुलगाता। सर्वेश्वरी का कलेजा काँपने लगा। शंका की अनिमेष दृष्टि से कनक की मोटर की तरफ़ ताकती रही। मोटर अदृश्य हो गई।

कनक भी पहले घबराई। पर दूसरे ही क्षण सँभल गई। एक अमोघ मंत्र जो उसके पास था, वह अब भी है। उसने सोचा, रही शरीर की बात, इसका सदुपयोग, दुरुपयोग भी उसके हाथ में है। फिर शंका किस बात की? जिसका कोई लक्ष्य ही न हो, उसकी किसी भी प्रगति का विचार ही क्या?

कनक निस्त्रस्त एक बग़ल पीछे की सीट में बैठी। मोटर उड़ी जा रही थी। ड्राइवर को निश्चित समय पर कुँवर साहब के पास पहुँचना था। भावी के दृश्य कनक के मन को सजग कर रहे थे। पर उसका हृदय बैठ गया था। अब उसमें उत्साह नहीं रह गया था। रास्ते के पेड़ों, किनारे खड़े हुए आदमियों को देखती, सब कुछ अपरिचित था। हृदय की शून्यता बाहर के अज्ञात शून्य से मिल जाती। इसी तरह मार्ग पार हो रहा था। आगे क्या होगा, उसकी मा उसके साथ क्यों नहीं आने पाई, इस तरह के प्रश्न उठकर भी मर जाते थे। जो एक निरंतर मरोर उसके हृदय में थी, उससे बड़ा कोई असर वे वहाँ डाल नहीं सकते थे।

इसी समय उसकी तमाम शून्यता एक बार भर गई। हृदय से आँखों तक पिचकारी की तरह स्नेह का रंग भर गया—उसने देखा, रास्ते के किनारे राजकुमार खड़ा है। हृदय उमड़कर फिर बैठ गया—अब ये मेरे नहीं हैं।

दर्शन के बाद ही मोटर एक फ़र्लांग बढ़ गई। दूसरे, प्रेम के दबाव से वह कुछ कह भी नहीं सकी। राजकुमार खड़ा हुआ देखता रहा। कनक ने दो बार फिर-फिरकर देखा, राजकुमार को बड़ी लज्जा लगी, जैसे उसी के कलंक की मूर्ति सहस्रों इंगितों से कनक के द्वारा उसके अपयश की घोषणा कर रही हो।

राजकुमार बिलकुल सादी पोशाक में था। गाना सुनने के लिये जा रहा था, दूसरों के मत से; अपने मत से कनक को तारा से मिलाने। तारा ने जब से कहा कि ग़लती पर है, तब से कनक को पाने के लिये उसके दिल में फिर लालसा का अंकुर निकलने लगा है। पर फिर अपनी प्रतिज्ञा की तरफ़ देखकर वह हताश हो जाता है। "कनक से मुलाक़ात तो हुई, दो बार उसने फिर-फिरकर देखा भी। क्या वह अब भी मुझे चाहती है? वह राजा साहब के यहाँ जा रही है, मुमकिन है, मुझे रोब दिखलाया हो, मैं क्या कहूँगा? न: लौट जाऊँ, कह दूँ कि मुझसे नहीं होगा। लौटकर कलकत्ते जायगी, तब जो बातचीत करना चाहें, कर लीजिए।"

अनेक हर्ष और विषाद की तस्वीरों को देखता हुआ

आशा और नैराश्य के भीतर से राजकुमार विजयपुर की ही तरफ़ जा रहा था। घर लौटने की इच्छा प्रबल बाधा की तरह मार्ग रोककर खड़ी हो जाती, पर भीतर न-जाने एक और कौन थी, जिसकी दृष्टि में उसके सब अपराधों के लिये क्षमा थी, और उस दृष्टि से उसे हिम्मत होती। बाधा के रहने पर भी अज्ञात पदक्षेप उधर ही को हो रहे थे। ज्यादा होश में आने पर राजकुमार भूल जाता था, कुछ समझ नहीं सकता था कि कनक से आख़िर वह क्या कहेगा। बेहोशी के वक़्त कल्पना के लोक में तमाम सृष्टि उसके अनुकूल हो जाती, कनक उसकी, छायालोक उसके, बाग़-इमारत, आकाश-पृथ्वी सब उसके। उसके एक-एक इंगित पर कनक उठती-बैठती, जैसे कभी तकरार हुई ही नहीं, कभी हुई थी, इसकी भी याद नहीं। राजकुमार इसी द्विधा में धीरे-धीरे चला जा रहा था।

पीछे से एक मोटर और आ रही थी, यह सर्वेश्वरी की मोटर थी। कनक जब चली गई, तब सर्वेश्वरी को मालूम हुआ कि उसने ग़लती की। वहाँ सहायक कोई न था। दूसरा उपाय भी न था। कनक की रक्षा के लिये वह उतावली हो रही थी। इसी समय उसकी दृष्टि राजकुमार पर पड़ी। उसने हाथ जोड़ लिए, फिर बुलाया। राजकुमार समझ गया कि डेरे पर मिलने के लिये इशारा किया। उसके हृदय में आशा की समीर फूट पड़ी। पैर कुछ तेज़ी से उठने लगे।

कनक की मोटर एक एकांत बँगले के द्वार पर ठहर गई। यहाँ कुँवर साहब अपने कुछ घनिष्ठ मित्रों के साथ कनक की प्रतीक्षा कर रहे थे। एक अर्दली कनक को उतारकर कुँवर साहब के बँगले में ले गया।

कुँवर साहब का नाम प्रतापसिंह था, पर थे बिलकुल दुबले-पतले। इक्कीस वर्ष की उम्र में ही सूखी डाल की तरह हाथ-पैर, मुँह सीप की तरह पतला हो गया था। आँखों के लाल डोरे अत्यधिक अत्याचार का परिचय दे रहे थे। राजा साहब ने उठकर हाथ मिलाया। एक कुर्सी की तरफ़ बैठने के लिये इशारा किया। कनक बैठ गई। देखा, वहाँ जितने आदमी थे, सब आँखों में बतला रहे थे। उन्हें देखकर वह डरी। उधर अनर्गल शब्दों के अव्यर्थ बाण एक ही लक्ष्य सातो महारथियों ने निश्शंक होकर छोड़ना प्रारंभ कर दिया—"उस रोज़ जब हम आपके यहाँ गए थे, पता नहीं, आपकी बाँह किसके गले में थी।" इसी तरह के और इससे भी चुभीले वाक्य।

कनक को आज तक व्यंग्य सुनने का मौक़ा नहीं लगा था। यहाँ सुनकर चुपचाप सह लेने के सिवा दूसरा उपाय भी न था, और इतनी सहनशीलता भी उसमें न थी। कुँवर साहब जिस तीखी कामुक दृष्टि से एकटक देखते हुए इस मधुर आलाप का आनंद ले रहे थे, कनक के रोएँ-रोएँ से घृणा का ज़हर निकल रहा था।

"मेरी मा अभी नहीं आई?" कुँवर साहब की तरफ़ मुख़ातिब होकर कनक ने पूछा।

कुँवर साहब के कुछ कहने से पहले ही पारिषद्-वर्ग बोल उठे—"अच्छा, अब मा की याद की जायगी।" सब अट्टहास हँसने लगे।

कनक सहम गई, उसने निश्चय कर लिया कि अब यहाँ से निस्तार पाना मुश्किल है। याद आई, एक बार राजकुमार ने उसे बचाया था; वह राजकुमार आज भी है, पर उसने उस उपकार का उसे जो पुरस्कार दिया, उससे उसे नफ़रत है, इसलिये आज वह उसकी विपत्ति का सहायक नहीं, केवल दर्शक होगा। वह पहुँच से दूर, अकेला है। यहाँ वह पहले की तरह होता भी, तो उसकी रक्षा न कर सकता। कनक इसी तरह सोच रही थी कि कुँवर साहब ने कहा, आपकी मा के लिये दूसरी जगह ठीक की गई है, यहाँ आप ही रहेंगी।

कनक के होश उड़ गए। रास्ता भूली हुई दृष्टि से चारो तरफ़ देख रही थी कि कुँवर साहब ने कहा—"यह मोटर है, आपको महफ़िल लगने पर ले जाने के लिये। आप किसी तरह घबराइए मत। यहाँ एकांत है। आपको आराम होगा। इसी ख़्याल से आपको यहाँ लाया गया है। चारो तरफ़ से जल की हवा आ रही है। छोटी-छोटी नावें भी हैं। आप जब चाहें, जल-विहार कर सकती हैं। भोजन भी आपके लिये यहीं आ जायगा।"

"आपको कोई तकलीफ़ न होगी—खुक—खुक—खुक—खुक—खो—ओ—ओ खो—ओ—" मुसाहबों का अट्टहास।

"मुझे महफ़िल जाने से पहले अपनी मा के पास जाना होगा। क्योंकि पेशवाज़ वग़ैरह उन्हीं के पास है।"

"अच्छा, तो घंटे-भर पहले चली जाइएगा।" कुँवर साहब ने मुसाहबों की तरफ़ देखकर कहा।

"रास्ते की थकी हुई हूँ, माफ़ फ़र्माएँ, मैं कुछ देर आराम करना चाहती हूँ। आपके दर्शनों से कृतार्थ हो गई।"

"कमरे में पलँग बिछा है, आराम कीजिए।" कुँवर साहब की इस श्रुति-मधुर स्तुति में जो लालसा छिपी हुई थी, कनक उसे ताड़ नहीं सकी, शायद अनभ्यास के कारण, पर उसका जी उतनी ही देर में हद से ज़्यादा ऊब गया था। उसने स्वाभाविक ढंग से कहा—"यहाँ मैं आराम नहीं कर सकूँगी, नई जगह है, मुझे मेरी मा के पास भेज दीजिए, फिर जब आपकी आज्ञा होगी, मैं चली आऊँगी।"

कुँवर साहब ने कनक को भेज दिया।

सर्वेश्वरी वहाँ ठहराई गई थी, जहाँ बनारस, लखनऊ, आगरे की और-और तवायफ़ें थीं। सर्वेश्वरी का स्थान सबसे ऊँचा, सजा हुआ तथा सुखद था। और और तवायफ़ों पर पहले ही से उसका रोब ग़ालिब था। वहाँ कनक को न देख सर्वेश्वरी जाल में पड़ी हुई सोचकर बहुत व्याकुल हुई। और भी जितनी तवायफ़ें थीं, सबसे समाचार कहा। सब त्रस्त हो रही थीं।

उसी समय उदास कनक को लेकर मोटर पहुँची। सर्वेश्वरी की जान-में-जान आई। और और तवायफ़ें आँखें फाड़कर उसके अपार रूप पर विस्मय प्रकट कर रही थीं, और इस तरह का ख़तरा साथ ही में रखकर ख़तरे से बची रहने के ख़्याल पर "बिस्मिला—तौबा, अल्लाह मियाँ ने आपको कैसी अक़्ल दी है कि इतना ज़माना देखकर भी आपको पहले नहीं सूझा" आदि-आदि से सहानुभूति के शब्दों से अभिनंदित कर रही थीं।

सर्वेश्वरी आशा कर रही थी कि कनक अपने दुःख की कथा कहेगी। पर वह उस प्रसंग पर कुछ बोली ही नहीं। माता के बिस्तरे पर बैठ गई। और भी कई अपरिचित तवायफ़ें परिचय के लिये पास आ घेरकर बैठ गईं। मामूली कुशल-प्रश्न होते रहे। सबने अनेक उपायों से कनक के एकत्र वास का हाल जानना चाहा, पर वह टाल ही गई—"कुछ नहीं, सिर्फ़ मिलने के लिये कुँवर साहब ने बुलाया था।"

यह भी एकांत स्थान था। गढ़ के बाहर एक बड़ा-सा बँगला बाग़ के बीच में था। इनके रहने के लिये ख़ाली कर दिया गया था। चारो तरफ़ हज़ारों क़िस्म के सुगंधित फूल लगे हुए थे। बीच-बीच से पक्की टेढ़ी, सर्प की गति की नक़ल पर राहें कटी हुई थीं।

राजकुमार भटकता फिरता पूछता हुआ बाग़ के फाटक पर आया। एक दफ़ा जी में आया कि भीतर जाय, पर लज्जा

से उधर ताकने की भी हिम्मत नहीं होती थी। सूर्यास्त हो गया था। गोधूलि का समय था। गढ़ पर खड़ा रहना भी उसे अपमान-जनक जान पड़ा। वह बाग़ में घुसकर एक बेंच पर बैठ गया, और जेब से एक बीड़ी निकालकर पीने लगा। वह जिस जगह बैठा था, वहीं से कनक के सामने ही एक झरोखा था, और उससे वहाँ तक नज़र साफ़ चली जाती थी। पर अँधेरे के कारण बाहर का आदमी नहीं देख सकता था। कनक वर्तमान समय की उलझी हुई ग्रंथि को खोलने के लिये मन-ही-मन सहस्रों बार राजकुमार को बुला चुकी थी, और हर दफ़ा प्रत्युत्तर में उसे निराशा मिलती थी—"राजकुमार यहाँ क्यों आएगा?" कनक की माता भी उसकी फ़िक्र में थी। कारण, वह जानती थी कि किसी भी अनिश्चित कार्य का दबाव पड़ने पर उसकी कन्या जान पर खेल जायगी। वह कनक के लिये दीन-दुनिया सब कुछ छोड़ सकती थी। राजकुमार के हृदय में लज्जा, अनिच्छा, घृणा, प्रेम, उत्सुकता, कई विरोधी गुण थे, जिनका कारण बहुत कुछ उसकी प्रकृति थी, और थोड़ा-सा उसका पूर्व-संस्कार और भ्रम। संध्या हो गई। नौकर लोग भोजन पकाने लगे। कमरों की बत्तियाँ जल गईं। बाहर के लाइट-पोस्ट भी जला दिए गए। राजकुमार की बेंच एक लाइट-पोस्ट के नीचे थी। बत्ती जलानेवाला राज्य का मशालची था। पर उसने राजकुमार को तबलची आदि में शुमार कर लिया था। इसलिये पूछताछ नहीं की। कंधे की

सीढ़ी पोस्ट से लगाकर बत्ती जला राजकुमार की तरफ़ से घृणा से मुँह फेरकर, उस तबलची से वह मशालची होने पर भी अपने धर्म में रहने के कारण कितना बड़ा है, सिर झुकाए हुए इसका निर्णय करता हुआ चला गया। फिर राजकुमार को दिखलाने पर वह शायद ही पहचानता, घृणा के कारण उसकी नज़र राजकुमार पर इतना कम ठहरी थी।

प्रकाश के कारण अब बाहर से राजकुमार भी भीतर देख रहा था। कनक को उसने एक बार, दो बार, कई बार देखा। वह पीली पड़ गई थी, पहले से कुछ कमज़ोर भी देख पड़ती थी। राजकुमार के हृदय के भाव उसके आँसुओं में झलक रहे थे। मन उसके विशेष आचरणों की आलोचना कर रहा था। इसी समय कनक की अचानक उस पर निगाह पड़ी। सर्वांग काँप उठा। इतना सुख उसे कभी नहीं मिला था। राजकुमार से मिलने के समय भी नहीं। फिर देखा, आँखों की प्यास बढ़ती ही गई। उत्कंठा की तरंग उठी, वह भी उठकर खड़ी हो गई और राजकुमार की तरफ़ चली। कनक को राजकुमार ने देखा। समझ गया कि वह उसी से मिलने आ रही है। राजकुमार को बड़ी लज्जा लगी, कनक के वर्तमान व्यवसाय पर और उससे अपनी घनिष्ठता के कारण वह हिम्मत करके भी उस जगह, उजाले में, नहीं रह सका। तारा से कनक को यदि न मिलाना होता, तो शायद कनक को इस परिस्थिति में देखकर वह एक क्षण भी वहाँ न ठहरता।

कनक ने देखा, राजकुमार एक अँधेरे कुंज की तरफ़ धीरे-धीरे बढ़ रहा है। कनक भी उधर ही चली। इतने समय की तमाम बातें एक ही साथ निकलकर हृदय और मस्तिष्क को मथ रही थीं। राजकुमार के पास पहुँचते ही कनक को चक्कर आ गया। उसे जान पड़ा कि वह गिर जायगी। बचाव के लिये स्वभावतः एक हाथ उठकर राजकुमार के कंधे पर पड़ा। अज्ञात-चालित राजकुमार ने भी उसे आपृष्ठ कमर एक हाथ से लपेटकर थाम लिया। कनक अपनी देह का तमाम भार राजकुमार पर रख आराम करने लगी, जैसे अब तक की की हुई तपस्या का फल भोग कर रही हो। राजकुमार थामे खड़ा रहा।

"तुमने मुझे भुला दिया, मैं अपना अपराध भी न समझ सकी।"

तकिए के तौर से राजकुमार के कंधे पर कपोल रक्खे हुए अधखुली सरल सप्रेम दृष्टि से कनक उसे देख रही थी। इतनी मधुर आवाज़ कानों के इतने नजदीक से राजकुमार ने कभी नहीं सुनी। उसके तमाम विरोधी गुण उस ध्वनि के तत्त्व में डूब गए। उसे बहूजी की याद आई। वह बहूजी की तमाम बातों का संबंध जोड़ने लगा। यह वही कनक है, जिस पर उसे संदेह था। कुंज में बाहर की बत्तियों का प्रकाश क्षीण होता हुआ भी पहुँच रहा था। उसने एक बिंदी उसके मस्तक पर लाल-लाल चमकती हुई देख ली, संदेह

हुआ कि उसके साथ कनक का विवाह कब हुआ। द्विधा ने मन के विस्तार को संकुचित कर एक छोटी-सी सीमा में बाँध दिया। प्रतिज्ञा जाग उठी। कई कोड़े कस दिए। कलेजा काँप गया। धीमी-धीमी हवा बह रही थी। कनक ने सुख से पलकें मूँद लीं। निर्वाक् सचित्र राजकुमार को अपनी रक्षा का भार सौंपकर विश्राम करने लगी। राजकुमार ने कई बार पूछने का इरादा किया, पर हिम्मत नहीं हुई। कितनी अशिष्ट अप्रासंगिक बात!

राजकुमार कनक को प्यार करता था। पर उस प्यार का रंग बाहरी आवरणों से दबा हुआ था। वह समझकर भी नहीं समझ पाता था। इसका बहुत कुछ कारण कनक के इतिहास के संबंध में उसका अज्ञान था। बहुत कुछ उसके पूर्व-संचित संस्कार थे। उसके भीतर एक इतनी बड़ी प्रतिज्ञा थी, जिसके बड़े-बड़े शब्द दूसरों के दिल में त्रास पैदा करने-वाले थे, जिनका उद्देश्य जीवन की महत्ता थी, प्रेम नहीं। प्रेम का छोटा-सा चित्र वहाँ टिक ही नहीं पाता था। इसलिये प्रेम की छाया में पैर रखते ही वह चौंक पड़ता था। अपने सुख की कल्पना कर दूसरों की निगाह में अपने को बहुत छोटा देखने लगता था। इसीलिये उसका प्यार कनक के प्यार के सामने हल्का पड़ जाया करता था, पानी के तेल की तरह, उसमें रहकर भी उससे जुदा रहता था, ऊपर तैरता फिरता था। अनेक प्रकार की शंकाएँ जग पड़तीं, दोनो की

आत्मा की ग्रंथि को एक से खुलाकर दोनो को जुदा कर देती थीं।

इसी अवस्था में कुछ देर बीत गई। थकी हुई कनक प्रिय की बाहों में विश्राम कर रही थी। पर हृदय में जागती थी। अपने सुख को आप ही अकेली तोल रही थी। उसी समय राजकुमार ने कहा—

"मेरी बहूजी ने तुम्हें बुलाया है, इसीलिये आया था।"

कनक की आत्मा में अव्यक्त प्रतिध्वनि हुई—"नहीं तो न आते?"

फिर एक जलन पैदा हुई। शिराओं में तड़ित् का तेज प्रवाह बहने लगा। कितनी असहृदय बात! कितनी नफ़रत! कनक राजकुमार को छोड़ अपने ही पैरों सँभलकर खड़ी हो गई। चमकीली निगाह से एक बार देखा, पूछा—"नहीं तो न आते?"

अपने जवाब में राजकुमार को यह आशा न थी, वह विस्मय-पूर्वक खड़ा कनक को एक विस्मय की ही प्रतिमा के रूप से देख रहा था। अपने वाक्य के प्रथम अंश पर ही उसका ध्यान था। पर कनक को राजकुमार की बहूजी की अपेक्षा राजकुमार की ही ज्यादा जरूरत थी। इसलिये उसने दूसरे वाक्य को प्रधान माना। राजकुमार के भीतर जितना दुराव कुछ विरोधी गुणों के कारण कभी-कभी आ जाया करता था, वह उसके दूसरे वाक्य में अच्छी तरह खुल रहा

था। पर उसकी प्रकृति के अनुकूल होने के कारण उसकी तरह का विद्वान् मनुष्य भी उस वाक्य की फाँस नहीं समझ सका। कनक उसकी दृष्टि में प्रिय अभिनेत्री; केवल संगिनी थी।

"तुम्हीं ने कहा था, याद तो होगा—तुम मेरी कविता हो; इसका जवाब भी जो मैंने दिया था, याद होगा।"

लौटकर कनक डेरे की तरफ़ चली। उसके शब्द राजकुमार को पार कर गए। वह खड़ा देखता और सोचता रहा, "कब कहाँ ग़लती से एक बात निकल गई, उसके लिये कितना बड़ा ताना! मैं साहित्य की वृद्धि के विचार से अभिनय किया करता हूँ। स्टेज की मित्रता मानकर इनका यह बाँकपन (अहह, कैसा बल खाती हुई जा रही है), नाज़ोअदा, नज़ाकत बरदाश्त कर लेता हूँ। आई हैं रुपए कमाने, ऊपर से मुझ पर ग़ुस्सा झाड़ती हैं। न-जाने किसके कपड़ों का बोझ गधे की तरह तीन घंटे तक लादे खड़ा रहा। काम की बात कही नहीं कि आँखें फेर लीं, मचलकर चल दीं। आख़िर ज़ात कौन है। अब मैं पैरों पड़ता फिरूँ। नः बाबा, इतनी कड़ी मिहनत मुझसे न होगी। बहूजी से कह दूँ कि यह काम मेरे मान का नहीं, उसे भेजो, जिसे मनाने का अभ्यास हो।"

राजकुमार धीरे-धीरे बग़ीचे के फाटक की तरफ़ चला। निश्चय कर लिया कि सीधे बहूजी के पास ही जायगा। सर्वेश्वरी भी बड़ी देर तक कनक को न देख खोज रही थी।

बाहर आ रही थी कि उससे मुलाक़ात हुई। "अम्मा, आए हैं, और इसलिये कि उनको बहूजी मुझसे मिलना चाहती हैं।" कनक ने कहा—"मैं चली आई, उधर कुँवर साहब के रंग-ढंग भी मुझे बहुत बुरे मालूम दे रहे थे। अम्मा, उसको देखकर मुझे डर लगता है। ऐसा देखता है, जैसे मुझे खा जायगा। छोड़ता ही न था। जब मैंने कहा, अभी अपनी मा से मिल लूँ, फिर जब आप याद करेंगे, मिल जाऊँगी, तब आने दिया।"

"तुमने कुछ कहा भी उनसे?" सर्वेश्वरी ने पूछा।

"नहीं, मुझ पर उन्हें विश्वास नहीं अम्मा।" कनक की आँखें छलछला आईं।

"अभी बाग़ में हैं?" सर्वेश्वरी ने सोचते हुए पूछा।

"थे तो।"

"अच्छा, जरा मैं भी मिल लूँ।"

कनक खड़ी देखती रही। सर्वेश्वरी बाग़ की तरफ़ चली। राजकुमार फाटक पार कर चुका था।

"भैया, कहाँ जाते हो?" घबराई हुई सर्वेश्वरी ने पुकारा।

"घर।" पचास क़दम आगे से बिना रुके हुए रुखाई से राजकुमार ने कहा।

"तुम्हारा घर यहीं पर है?" बढ़ती हुई सर्वेश्वरी ने आवाज़ दी।

"नहीं, मेरे दोस्त का घर है।" राजकुमार और तेज़ चलने लगा।

"भैया, ज़रा ठहर जाओ, सुन लो।"

"अब माफ़ कीजिए, इतना बहुत हुआ।"

एक आदमी आता हुआ देख पड़ा। सर्वेश्वरी रुक गई। भय हुआ, बुला न सकी। राजकुमार पेड़ों के अँधेरे में अदृश्य हो गया।

"कुँवर साहब ने महफ़िल के लिये जल्द बुलाया है।" आदमी ने कहा।

"अच्छा।" सर्वेश्वरी की आवाज क्षीण थी।

"आप लोगों ने खाना न खाया हो, तो जल्दी कीजिए।"

सर्वेश्वरी डेरे की तरफ़ चली। आदमी और-और तवायफ़ों को सूचना दे रहा था।

"क्या होगा अम्मा?" कनक ने त्रस्त निगाह से देखते हुए पूछा।

"जो भाग्य में होगा, हो लेगा; तुमसे भी नहीं बना।"

कनक सिर झुकाए खड़ी रही। और-और तवायफ़ें भोजन-पान में लगी हुई थीं। सर्वेश्वरी थोड़ा-सा खाना लेकर आई, और कनक से खा लेने के लिये कहा। स्वयं भी थोड़ा-सा जल-पान कर तैयार होने लगी।

(१५)

राजकुमार बाहर एक रास्ते पर कुछ देर खड़ा सोचता

रहा। दिल को सख्त चोट लगी थी। बहू से नाराज़ था। सोच रहा था, चलके ख़ूब फटकारूँगा। रात एक पहर बीत चुकी थी, भूख भी लग रही थी। बहू के मकान की राह से चलने लगा। पर दिल पीछे खींच रहा था, तरह-तरह से आरज़ू-मिन्नत कर रहा था—"बहुत दूर चलना है!" बहू का मकान वहाँ से मील ही भर के फ़ासले पर था—"अब वहाँ खाना-पीना हो गया होगा। सब लोग सो गए होंगे।" राज-कुमार को दिल की यह तजवीज़ पसंद थी। वह रास्ते पर एक पुल मिला, उस पर बैठकर फिर सोचने लगा। कनक उसके शरीर में प्राणों की ज्योति की तरह समा गई थी। पर बाहर से वह बराबर उससे लड़ता रहा। कनक स्टेज पर नाचेगी, गाएगी, दूसरों को ख़ुश करेगी, ख़ुद भी प्रसन्न होगी, और उससे ऐसा ज़ाहिर करती है, गोया दूध की धुली हुई है, इन सब कामों ने लिये दिल से उसकी बिलकुल सहानुभूति नहीं, और वह ऐसी कनक का महफ़िल में बैठकर गाना सुनना चाहता है। राजकुमार के रोएँ-रोएँ से नफ़रत की आग निकल रही थी, जिससे तपकर कनक कल्पना की मूर्ति में उसे और चमकती हुई स्नेहमयी बनकर घेर लेती, हृदय उभड़कर उसे स्टेज की तरफ़ चलने के लिये मोड़ देता, उसके तमाम विरोधी प्रयत्न विफल हो जाते थे। उसने यंत्र की तरह हृदय की इस सलाह को मान लिया और इसके अनुकूल युक्तियाँ भी निकाल लीं। उसने सोचा, "अब बहुत

देर हो गई है, बहू सो गई होगी, इससे अच्छा है कि यहीं चलकर कहीं ज़रा जल-पान कर लूँ और रात महफ़िल के एक कोने में बैठकर पार कर दूँ। कनक मेरी है कौन? फिर मुझे इतनी लज्जा क्यों? जिस तरह मैं स्टेज पर जाया करता हूँ, उसी तरह यहाँ भी बैठकर बारीकियों की परीक्षा करूँगा। कनक के सिवा और भी कई तवायफ़ें हैं। उनके संबंध में मैं कुछ नहीं जानता। उनके संगीत से लेने लायक़ मुझे बहुत कुछ मिल सकता है।"

बस, निश्चय हो गया। फिर बहू का मील-भर दूर मकान मंज़िलों दूर सूझने लगा। राजकुमार लौट पड़ा।

चौराहे पर कुछ दीपक जल रहे थे, उसी ओर चला। कई दूकानें थीं। पूड़ियों की भी एक दूकान थी। उसी तरफ़ बढ़ा। सामने कुर्सियाँ पड़ी थीं, बैठ गया। आराम की एक ठंडी साँस ली। पाव-भर पूड़ियाँ तौलने के लिये कहा।

भोजन के पश्चात् हाथ-मुँह धोकर दाम दे दिए। इस समय गढ़ के भीतर कुँवर साहब की सवारी का डंका सुनाई पड़ा। दूकानदार लोग चलने के लिये व्यग्र हो उठे। उन्हीं से उसे मालूम हुआ कि अब कुँवर साहब महफ़िल जा रहे हैं। दूकानदार अपनी-अपनी दूकानें बंद करने लगे। राजकुमार भी भीतर से पुलकित हो उठा। एक पानवाले की दूकान से एक पैसे के दो बीड़े लेकर खाता हुआ गढ़ की तरफ़ चला।

बाहर, खुली हुई ज़मीन पर, एक मंडप इसी उद्देश्य की

पूर्ति के लिये बना था। एक तरफ़ एक स्टेज था, तीन तरफ़ से गेट। हर गेट पर संगीन-बंद सिपाही पहरे पर था। भीतर बड़ी सजावट थी। विद्युदाधार मँगवाकर कुँवर साहब ने भीतर और बाहर बिजली की बत्तियों से रात में दिन कर रक्खा था। राजकुमार ने बाहर से देखा, स्टेज जगमगा रहा था। फ़ुट-लाइट का प्रकाश कनक के मुख पर पड़ रहा था, जिससे रात में उसकी सहस्रों गुण शोभा बढ़ गई थी। गाने की आवाज़ आ रही थी। लोग बातचीत कर रहे थे कि आगरेवाली गा रही है। राजकुमार ने बाहर ही से देखा, तवायफ़ें दो क़तारों में बैठी हुई हैं। दूसरी क़तार की पहली तवायफ़ गा रही है। इस क़तार में कनक ही सबके आगे थी। उसके बाद बग़ल में उसकी माता। लोग मंत्र-मुग्ध होकर रूप और स्वर की सुधा पी रहे थे। अचंचल आँखों से कनक को देख रहे थे। कनक भी दीपक की शिखा की तरह स्थिर बैठी थी। यौवन की उस तरुण ज्योति की तरफ़ कितने ही पतंग बढ़ रहे थे। कुँवर साहब एकटक उसे ही देख रहे थे।

राजकुमार को बाहर-ही-बाहर घूमकर देखते हुए देखकर एक ने कहा, बाबूजी, भीतर जाइए, आपके लिये कोई रोक थोड़े ही है। रोक तो हम लोगों के लिये है, जिनके पास मज़बूत कपड़े नहीं; जब कुँवर साहब चले जायँगे, तब, पिछली रात को, कहीं मौक़ा लगेगा।

राजकुमार को हिम्मत हुई। एक गेट से भीतर घुसा, सभ्य वेश देख सिपाही ने छोड़ दिया। पीछे जगह बहुत खाली थी, एक जगह बैठ गया। उसे आते हुए कनक ने देख लिया। वह बड़ी देर से, जब से स्टेज पर आई, उसे खोज रही थी। कोई भी नया आदमी आता, तो उसकी आँखें जाँच करने के लिये बढ़ जाती थीं। कनक राजकुमार को देख रही थी, उस समय राजकुमार ने भी कनक को देखा, और समझ गया कि उसका जाना कनक को मालूम हो गया है, पर किसलिये आँखें फेरकर बैठ गया। कनक कुछ देर तक अचंचल दृष्टि से देखती ही रही। मुख पर किसी प्रकार का विकार न था। राजकुमार के विचार को जैसे वह समझ रही थी। पर उसकी चेष्टाओं में किसी प्रकार की भावना न थी।

क्रमशः दो-तीन गाने हो गए। दूसरी तरफ़वाली क़तार खत्म होने पर थी। एक-एक संगीत की बारी थी। कारण, कुँवर साहब शीघ्र ही सब तवायफ़ों का गाना सुनकर चले जानेवाले थे। इधर की क़तार में कनक का पहला नंबर था। फिर उसकी माता का। कुँवर साहब उसके गाने के लिये उत्सुक हो रहे थे, और अपने पास के मुसाहबों से पहले ही से उसके मँजे हुए गले की तारीफ़ कर रहे थे, और इस प्रतियोगिता में सबको वही परास्त करेगी, इसका निश्चय भी दे रहे थे। इसके बाद, कुँवर साहब के जल्द उठ जाने

का एक और कारण था और इस कारण में उनके साथ कनक का भी उनके बँगले पर जाना निश्चित था। उसकी कल्पना कनक ने पहले ही कर ली थी, और लापरवाही के कारण मुक्ति का कोई उपाय भी नहीं सोचा था। कोई युक्ति थी भी नहीं। एक राजकुमार था, अब उससे वह निराश हो चुकी थी। राजकुमार के प्रति कनक का क्रोध भी कम न था।

फ़र्श बिछा था। ऊपर इंद्र-धनुष के रंग के रेशमी थानों की, बीच में सोने की चित्रित चर्खों में उन्हीं कपड़ों को पिरोकर नए ढंग की चाँदनी बनाई गई थी। चारो तरफ़ लोहे के लट्ठे गड़े थे, उन्हीं के सहारे मंडप खड़ा था। लोहे की उन कड़ियों में वही कपड़े लपेटे थे। दो-दो कड़ियों के बीच एक तोरण उन्हीं कपड़ों से सजाया गया था। हाल १०० हाथ से भी लंबा और ५० हाथ से भी चौड़ा था। लंबाई के सीधे, सटा हुआ, पर मंडप अलग, स्टेज था। स्टेज ही की तरह सजा हुआ। फ़ुट-लाइट जल रही थी। बजानेवाले उइंग्स के भीतर से बजा रहे थे। कुँवर साहब की गद्दी के दो-दो हाथ के फ़ासले से सोने की कामदार छोटी रेलिंग चारों तरफ़ से थी। दोनो बग़ल गुलाब-पाश, इत्रदान, फूलदान आदि सजे हुए थे। गद्दी पर रेशमी मोटी चादर बिछी थी, चारो तरफ़ एक-एक हाथ सुनहला काम था, और पन्ने तथा हीरे की कन्नियाँ जड़ी हुई थीं, दोनो बग़ल दो छोटे-छोटे कामदार

मखमली तकिए, वैसा ही पीठ की तरफ़ बड़ा गिर्दा। कुँवर साहब के दाहनी तरफ़ उनके ख़ानदान के लोग थे और बाईं तरफ़ राज्य के अफ़सर। पीछे आनेवाले सभ्य दर्शक तथा राज्य के पढ़े-लिखे तथा रईस लोग। राजकुमार यहीं बैठा था।

कनक उठ गई। राजकुमार ने देखा। भीतर ग्रीन-रूम में उसने कुँवर साहब के नाम एक चिट्ठी लिखी, और अपने जमादार को ख़ूब समझा चिट्ठी दे दी। इस काम में उसे पाँच मिनट से अधिक समय नहीं लगा। वह फिर अपनी जगह आकर बैठ गई।

जमादार ने चिट्ठी कुँवर साहब के अर्दली को दी। अर्दली से कह भी दिया कि ज़रूरी चिट्ठी है, और छोटी बाईजी ने जल्द पेश करने के लिये कहा है।

कुँवर साहब के रंग-ढंग वहाँ के तमाम नौकरों को मालूम हो गए थे। छोटी बाईजी के प्रति कुँवर साहब की कैसी कृपा-दृष्टि है, और परिणाम आगे चलकर क्या होगा, इसकी चर्चा नौकरों में छिड़ गई थी। अतः उसने तत्काल चिट्ठी पेशकार को दे दी, और साथ ही जल्द पेश कर देने की सलाह भी दी। पहले पेशकार साहब मौक़े के बहाने पत्र लेकर बैठे ही रहना चाहते थे, पर जब उसने बुलाकर एकांत में समझा दिया कि छोटी बाईजी इस राज्य के नौकरों के लिये कोई मामूली बाईजी नहीं और जल्द पत्र न गया, तो कल ही उससे तअल्लुक़ रखनेवालों पर बड़ी-बड़ी विपत्तियाँ आ

सकती हैं, और इशारे से मतलब समझा दिया। तब पेशकार मन-ही-मन पुरस्कार की कल्पना करते हुए कुँवर साहब की गद्दी की तरफ़ बढ़े, और झुककर पत्र पेश कर दिया।

प्रकाश आवश्यकता से अधिक था। कुँवर साहब पढ़ने लगे। पढ़कर विना तपस्या के वर-प्राप्ति का सुंदर सुयोग देख, खुले हुए कमल पर बैठे भौंरे की तरह प्रसन्न हो गए। पत्र में कनक ने शीघ्र ही कुँवर साहब को ग्रीन-रूम में बुलाया था।

पर एकाएक वहाँ से उठकर कुँवर साहब नहीं जा सकते थे। शान के ख़िलाफ़ था। उधर गाने की तृप्ति करने की अपेक्षा जाने की उत्सुकता प्रबल थी। अतः मुसाहबों को ही निर्णय के लिये छोड़ उठकर खड़े हो गए। पालकी लग गई। कुँवर साहब प्रासाद चले गए।

इधर आम जनता के लिये द्वार खुल गया। सब तरह के आदमी भीतर धँस गए। महफ़िल ठसाठस भर गई। अब तक दूसरी क़तार का गाना ख़त्म हो चुका था। कनक की बारी आ गई थी। लोग सिर उठाए आग्रह से मुँह ताक रहे थे। सर्वेश्वरी ने धीरे से कुछ समझा दिया। कनक के उस्तादों ने स्वर भरा, कनक ने एक अलाप ली, फिर गाने लगी—

"दिल का आना था कि क़ाबू से था जाना दिल का ;
ऐसे जाने से तो बेहतर था न आना दिल का"।

हम तो कहते थे मुहब्बत की बुरी हैं रस्में ;
खेल समझे थे मेरी जान लगाना दिल का।"

स्वर की तरंग ने तमाम महफ़िल को डुबा दिया। लोगों के हृदय में एक नया स्वप्न सौंदर्य के आकाश के नीचे शिशिर के स्पर्श से धीरे-धीरे पलकें खोलती हुई चमेली की तरह विकसित हो गया। उसी स्वप्न के भीतर से लोग उस स्वर की परी को देख रहे थे। साधारण लोग अपने उमड़ते हुए उच्छ्वास को रोक नहीं सके। एक तरफ़ से आवाज़ आई—"उवाह कनकौआ, जस सुनत रहील, तइसै हऊ रजा !" सभ्य जन सर झुका मुस्किराने लगे। कनक उसी धैर्य से अप्रतिभ बैठी रही। एक बार राजकुमार को देखा, फिर आँखें झुका लीं।

राजकुमार कलाविद् था। संगीत का उस पर पूरा असर पड़ गया था। एक बार, जब कनक के कला-ज्ञान की याद आती, हृदय के सहस्र कंठों से उसकी प्रशंसा करने लगता, पर दूसरे ही क्षण उस सोने की मूर्ति में भरे हुए ज़हर की कल्पना उसके शरीर को जर्जर कर देती थी। चित्त की यह डाँवाडोल स्थिति उसकी आत्मा को क्रमशः कमजोर करती जा रही थी। हृदय में स्थायी प्रभाव ज़हर का ही रह जाता, एक अज्ञात वेदना उसे क्षुब्ध कर देती थी। कनक के स्वर, सौंदर्य, शिक्षा आदि की यह जितनी ही बातें सोचता, और ये बातें उसके मन के यंत्र को आप ही चला-चलाकर उसे कल्पना के अरण्य

में भटकाकर निर्वासित कर देती थीं, उतनी ही उसकी व्याकुलता बढ़ जाती थी। तृष्णार्त का ईप्सित सुस्वादु जल नहीं मिल रहा था—सामने महासागर था, पर हाय, वह लवणाक्त था।

कुँवर साहब प्रासाद में पोशाक बदलकर सादे सभ्य वेश में, कुछ विश्वास-पात्र अनुचरों को साथ ले, प्रकाश-हीन मार्ग से स्टेज की तरफ़ चल दिए। उनके अनुचर उन्हें चारो ओर से घेरे हुए थे, जिससे दूसरे की दृष्टि उन पर न पड़े। स्टेज के बहिर्द्वार से कुँवर साहब भीतर ग्रीन-रूम में चलने लगे। एक आदमी को साथ ले और सबको वहीं, इधर-उधर, प्रतीक्षा करने के लिये कह दिया। ग्रीन-रूम से कुँवर साहब ने अपने आदमी को कनक को बुला लाने के लिये भेज दिया। ख़बर पा माता से कुछ कहकर कनक उठकर खड़ी हो गई। ज़रा झुककर, एक उँगली मुँह के नज़दीक तक उठा, दर्शकों को अदब दिखला, सामने के उइंग से भीतर चलने लगी। दर्शकों की तरफ़ मुँह किए हुए उइंग की ओर फिरते समय एक बार फिर राजकुमार को देखा, दृष्टि नीची कर मुस्किराई, क्योंकि राजकुमार की आँखों में वह आग थी, जिससे वह जल रही थी।

कनक ग्रीन-रूम की तरफ़ चली। शंकित हृदय काँप उठा। पर कोई चारा न था। राजकुमार की तरफ़ असहाय आँखें प्रार्थना की अनिमेष दृष्टि से आप-ही-आप बढ़ गईं, और

हताश होकर लौट आई । कनक के अंग-अंग राजकुमार की तरफ़ से प्रकाश-हीन संध्या में कमल के दलों की तरह संकुचित हो गए । हृदय को अपनी शक्ति की किरण देख पड़ी, दृष्टि ने स्वयं अपना पथ निश्चित कर लिया ।

कनक एक उड़ंग के भीतर सोचती हुई खड़ी हो गई थी । चली ।

कुँवर साहब ने बड़े आदर से उठकर स्वागत किया ।

बैठिए, कहकर कनक उनके बैठने की प्रतीक्षा किए बिना कुर्सी पर बैठ गई । कुँवर साहब नौकर को बाहर जाने के लिये इशारा कर बैठ गए ।

कनक ने कुँवर साहब पर एक तेज़ दृष्टि डाली । देखा, उनके अपार ऐश्वर्य पर तृष्णा की विजय थी । उनकी आँखें उसकी दृष्टि से नहीं मिल सकीं । वे कुछ चाहती हैं, इसलिये झुकी हुई हैं, उन पर कनक का अधिकार जम गया ।

"देखिए ।" कनक ने कहा—"यहाँ एक आदमी बैठा है, उसको क़ैद कर लीजिए ।"

आज्ञा-मात्र से प्रबल-पराक्रम कुँवर साहब उठकर खड़े हो गए—"कौन है ?"

"आइए ।" कनक आगे-आगे चली ।

स्टेज के सामने के गेटों की दराज़ से राजकुमार को दिखाया, उसके शरीर, मुख, कपड़े, रंग आदि की पहचान कराती रही । कुँवर साहब ने अच्छी तरह देख लिया । कई

बार दृष्टि में ज़ोर दे-देकर देखा। दूसरी क़तार की तवायफ़ें तअज्जुब की निगाह से मनुष्य को तथा कनक को देख रही थीं, गाना हो रहा था।

कनक को उसकी इच्छा-पूर्ति से उपकृत करने के निश्चय से कुँवर साहब को उसे 'तुम'-संबोधन करने का साहस तथा सुख मिला। कनक भी कुछ झुक गई। जब उन्होंने कहा, अच्छा, तुम ग्रीन-रूम में चलो, तब तक अपने आदमियों को बुला इन्हें दिखा दें।

कनक चली गई। कुँवर साहब ने दरवाज़े के पास से बाहर देखा। कई आदमी आ गए। दो को साथ भीतर ले गए। उसी जगह से राजकुमार को परिचित करा दिया और ख़ूब समझा दिया कि महफ़िल उठ जाने पर एकांत रास्ते में अलग बुलाकर वह ज़रूर गिरफ़्तार कर लिया जाय, और दूसरों को ख़बर न हो, आपस के सब लोग उसे पहचान लें।

कुँवर साहब के मनोभावों पर पड़ा हुआ भेद का पर्दा कनक के प्रति किए गए उपकार की शक्ति से ऊपर उठ गया। सहस्रों दृश्य दिखाई पड़े। आसक्ति के उद्दाम प्रवाह में संसार अत्यंत रमणीय चिरंतन, सुखों से उमड़ता हुआ, एक-मात्र उद्देश्य, स्वर्ग देख पड़ने लगा। ऐश्वर्य की पूर्ति में उस समय किसी प्रकार का दैन्य न था। जैसे उनकी आत्मा में संसार के सब सुख व्याप्त हो रहे हों। उद्दाम प्रसन्नता से कुँवर साहब कनक के पास गए।

जाल में फँसी हुई मृगी जिस तरह अपनी आँखों को विस्फारित कर मुक्त शून्य के प्रति मुक्ति के प्रयत्न में निकलती रहती है, उसी दृष्टि से कनक ने कुँवर साहब को देखा। इतनी सुंदर दृष्टि कुँवर साहब ने कभी नहीं देखी। किन्हीं आँखों में उन्हें वश करने का इतना जादू नहीं था। आँखों के जलते हुए दो स्फुलिंग उनके प्रणय के बाग में खिले हुए दो गुलाब थे। प्रतिहिंसा की गर्म साँस वसंत की शीतल समीर, और उस रूप की आग में तत्काल जल जाने के लिये वह एक अधीर पतंग। स्टेज पर लखनऊ की नव्वाबजान गा रही थीं—

"तू अगर शमा बने, मैं तेरा परवाना बनूँ।"

कुँवर साहब ने असंकुचित अकुंठित भाव से कनक की उन्हीं आँखों में अपनी दृष्टि गड़ाते हुए निर्लज्ज स्वर से दोहराया—"तू अगर शमा बने, मैं तेरा परवाना बनूँ।" उसी तरह असंकुचित स्वर से कनक ने जवाब दिया—"मैं तो शमा बनकर ही दुनिया में आई हूँ, साहब!"

"फिर मुझे अपना परवाना बना लो।" परवाने ने परवाने के सर्वस्व दानवाले स्वर से नहीं, तटस्थ रहकर कहा।

कनक ने एक बार आँख उठाकर देखा।

"क़िस्मत!" कहकर अपनी ही आँखों की बिजली में दूर तक रास्ता देखने लगी।

"क्या सोचती हो—तुम भी; दुनिया में हँसने-खेलने के सिवा और है क्या?"

कुँवर साहब का हितोपदेश सुनकर एक बार कनक मुस्किराई। जलती आग में आहुति डालती हुई बोली—"आप बहुत ठीक कहते हैं, फिर आप-जैसा जहाँ परवाना हो, वहाँ तो शमा को अपनी तमाम ख़ूबसूरती से जलते रहना चाहिए। नहीं, मैं सोचती हूँ, मेरी मा जब तक यहाँ हैं, मैं शीशे के अंदर हूँ, शमा से मिलने से पहले आप उसके शीशे को निकाल दीजिए।"

"जैसा कहो, वैसा किया जाय।" उत्सुक प्रसन्नता से कुँवर साहब ने कहा।

"ऐसा कीजिए कि वह आज ही सुबह यहाँ से चली जायँ, और और तवायफ़ें हैं, मैं भी हूँ, जल्सा फीका न होगा। आप मुझे इस वक़्त बँगले ले चलना चाहते हैं?"

कृतज्ञ प्रार्थना से कुँवर साहब ने कनक को देखा। कनक समझ गई। कहा, अच्छा ठहरिए, मैं मा से ज़रा मिल लूँ।

कुँवर साहब खड़े रहे। माता को उइंग्स् की आड़ से बुलाकर थोड़े शब्दों में कुछ कहकर कनक चली गई।

गाना ख़त्म होने का समय आ रहा था। कुँवर साहब एक पालकी पर कनक को चढ़ा, दूसरी के बंद पर्दे में ख़ुद बैठकर बँगले चले गए।

(१६)

राजकुमार को नए कंठों के संगीत से कुछ देर तक आनंद मिलता रहा। पर पीछे से, कुँवर साहब के चले जाने के बाद, महफ़िल कुछ बेसुरी लगने लगी, जैसे सबके प्राणों से आनंद की तरंग बह गई हो, जैसे मनोरंजन की जगह तमाम महफ़िल कार्य-क्षेत्र हो रही हो।

गायिका कनक के संगीत का उस पर कुछ प्रभाव पड़ा था, पर विदुषी कुमारी कनक उसकी नज़रों में गिर गई थी। अज्ञात भाव से इसके लिये उसके भीतर दर्द हो रहा था। कुछ देर तक तो बैठा रहा, पर जब कनक भीतर चली गई, और थोड़ी ही देर में कुँवर साहब भी उठ गए, कनक बड़ी देर तक न आई, फिर जब आई, तब बाहर ही से मा को बुलाकर उठ गई, यह सब देखकर वह स्टेज, गाना, कनक और अपने प्रयत्न की तरफ़ से वीतराग हो चला। फिर उसके लिये वहाँ एक-एक क्षण पहाड़ की तरह बोझीला हो उठा।

राजकुमार उठकर खड़ा हो गया, और बाहर निकलकर धीरे-धीरे डेरे की तरफ़ चला। बहूजी के मायके की याद से शरीर से जैसे एक भूत उतर गया हो, नशे के उतारे की शिथिलता थी। धीरे-धीरे चला जा रहा था। कनक की तरफ़ से दिल को जो चोट लगी थी, रह-रहकर नफ़रत से उसे और बढ़ाता, तरह-तरह की बातें सोचता हुआ चला जा

रहा था। ज्यादा झुकाव कलकत्ते की तरफ़ था, सोच रहा था कि इसी गाड़ी से कलकत्ते चला जायगा।

जब गढ़ के बाहर निकलकर रास्ता चलने लगा, तो उसे मालूम हुआ कि कुछ आदमी और उसके साथ आ रहे हैं। उसने सोचा, ये लोग भी अपने घर जा रहे होंगे। धीरे-धीरे चलने लगा। वे लोग नजदीक आ गए। चार आदमी थे। राजकुमार ने अच्छी तरह नजर गड़ाकर देखा, सब साधारण सिपाही दर्जे के आदमी थे। कुछ न बोला, चलता रहा।

हटिया से निकलकर बाहर सड़क पर आया, वे लोग भी आए। सामने दूर तक रास्ता-ही-रास्ता था, दोनो बग़ल खेत।

राजकुमार ने उन लोगों की तरफ़ फिरकर पूछा—"तुम लोग कहाँ जाओगे?"

"कहीं नहीं, जहाँ-जहाँ आप जायँगे।"

"मेरे साथ चलने के क्या मानी?"

"तारा बहन ने हमें आपकी खबरदारी के लिये भेजा था, साथ चंदन बाबू भी थे।"

"चंदन?"

"हाँ, वह आज की गाड़ी से आ गए हैं।"

राजकुमारकी आँखों पर दूसरापर्दा उठा। संसार अस्तित्व-युक्त और सुखों से भरा हुआ सुंदर मालूम देने लगा। आनंद के उच्छ्वसित कठ से पूछा—"कहाँ हैं वह?"

"अब आपको मकान में मालूम हो जायगा।"

ये चारो उसी गाँव के आत्माभिमानी, अशिक्षित वीर, आजकल की भाषा में गुंडे थे, प्राचीन रूढ़ियों के अनुसार चलनेवाले, किसी ने रूढ़ि के ख़िलाफ़ किसी तरफ़ क़दम बढ़ाया, तो उसका सिर काट लेनेवाले, गाँव की बहुओं और बेटियों की इज़्ज़त तथा सम्मान की रक्षा के लिये अपना सर्वस्व स्वाहा कर देनेवाले, अँगरेज़ों और मुसलमानों पर विजातीय घृणा की आग भड़कानेवाले, मलखान और ऊदन के अनुयायी, महावीरजी के अनन्य भक्त, लुप्त-गौरव क्षत्रिय ज़मींदार-घराने के सुबह के नक्षत्र, अपने स्वल्प प्रकाश में टिमटिमा रहे थे, अधिक जलने के लिये उमड़ते हुए धीरे-धीरे बुझ रहे थे। रिश्ते में ये तारा के भाई लगते थे। राजकुमार के चले जाने पर तारा को इनकी याद आई, तो जाकर नम्र शब्दों में कहा कि भैया, आप लोग चंदन के साथ जाओ, और राजकुमार को देखे रहना, कहीं टंटा न हो जाय। ये लोग चंदन के साथ चले गए थे। चंदन ने जैसा बताया, वैसा ही करते रहे। ख़ानदान की लड़की तारा अच्छे घराने में गई है, वहाँवाले सब ऊँचे दर्जे के पढ़े-लिखे आदमी हैं, इसका इन लोगों को गर्व था।

धीरे-धीरे गाँव नज़दीक आ गया। राजकुमार ने, तारा का मतलब दूर तक समझकर फिर ज़्यादा बातचीत इस प्रसंग में उनसे नहीं की। चंदन के लिये दिल में तरह-तरह की

जिज्ञासा उठ रही थी—वह क्यों नहीं आया, तारा ने सब बातें उससे जरूर कह दी होंगी, वह कहीं उसी चक्कर में तो नहीं घूम रहा, पर ये लोग क्यों नहीं बतलाते !

राजकुमार इसी अधैर्य में जल्द-जल्द बढ़ रहा था। मकान आ गया। गाँव के आदमियों ने दरवाज़े पर "बिट्टो-बिट्टो।" की असंकुचित, निर्भय आवाज़ उठाई। तारा ने दरवाज़ा खोल दिया। राजकुमार को खड़ा हुआ देख स्नेह-स्वर से कहा—"तुम आ गए ?"

"सुनो" एक ने गंभीर कंठ से तारा को एक तरफ़ अलग बुलाया।

तारा निस्संकोच बढ़ गई। उसने धीरे-धीरे कुछ कहा। बात समाप्त कर चारो ने तारा के पैर छुए।

चारो एक तरफ़ चले गए। चिंता-युक्त तारा राजकुमार को साथ लेकर भीतर चली गई, और दरवाजा बंद कर लिया।

तारा के कमरे में जाते ही राजकुमार ने पूछा—"बहूजी, चंदन कहाँ है ? इतनी जल्द आ गया।"

"पुलिस के पास कोई मज़बूत काग़ज़ात उनके बाग़ीपन के सुबूत में नहीं थे, सिर्फ़ संदेह पर गिरफ़्तार किए गए थे, पुलिस के साथ ख़ास तौर से पैरवी करने पर जमानत पर छोड़ दिए गए हैं। इस पैरवी के लिये बड़े भाई से नाराज़ हैं। मुझे कलकत्ते ले जाने के लिये आए थे। यहाँ तुम्हारा

हाल मुझसे सुना, तो बड़े खुश हुए, और तुमसे मिलने गए। पर रज्जू बाबू!" युवती की आँखें भर आईं।

राजकुमार चौंक उठा। उसे विपत्ति की शंका हुई। चकित देखता हुआ, युवती के दोनो हाथ पकड़कर आग्रह और उत्सुकता से पूछा—"पर क्या, बतलाओ, मुझे बड़ी शंका हो रही है।"

"तुम्हारा भी तो वही खून है!"

राजकुमार दृष्टि से इसका आशय पूछ रहा था।

युवती ने अधिक बातचीत करना अनावश्यक समझा। एक बार राजकुमार उठकर बाहर चलने लगा था, पर युवती ने हाथ पकड़कर डाँट दिया—"थोड़ी देर में सब मालूम हो जायगा, घर के आदमियों के आने पर। खबरदार अगर बाहर क़दम बढ़ाया।"

वीर युवक तारा के पलँग पर तकिए में सिर गड़ा पड़ा रहा। तारा उसके हाथ-मुँह धोने और जलपान करने का इंतज़ाम करने लगी। धैर्य के बाँध को तोड़कर कभी-कभी दृष्टि की अपार चिंता झलक पड़ती थी।

(१७)

कनक ने बँगले पहुँचकर जो दृश्य देखा, उससे उसकी रही-सही आशा निर्मूल हो गई। बँगले में कुँवर साहब के मेहमान टिके हुए थे, जिनमें एक को कनक पहले से जानती थी। यह थे मिस्टर हैमिल्टन। अधिकांश मेहमान कुँवर

साहब के कलकत्ते के मित्र थे, बड़े-बड़े तअल्लुक़दार और साहब। ये लोग उसी रोज़ गाड़ी से उतरे थे। बँगले में इनके ठहरने का ख़ास इंतज़ाम था। ये लोग कुँवर साहब के अंतरंग मित्र थे, अंतरंग आनंद के हक़दार। अपने-अपने स्थानों से इसी आशा से प्रयाण किया था। कुँवर साहब ने पहले ही से वादा कर रक्खा था कि अभिषेक हो जाने के समय से अंत तक वह अपने मित्रों को समझाते रहेंगे कि मित्रों की ख़ातिरदारी किस तरह की जाती है। मित्र लोग कभी-कभी इसका तक़ाजा भी करते रहे हैं। कनक के आने का तार मिलते ही इन्होंने अपने मित्रों को आने के लिये तार किया था, और क़रीब-क़रीब वे सब लोग कनक का नाम सुन चुके थे। कुँवर साहब की थोड़ी-सी ज़मीदारी २४ परगने में थी, जिससे कभी-कभी हैमिल्टन साहब से मिलने-जुलने का तअल्लुक़ आ जाता था। धीरे-धीरे यह मित्रता बड़ी दृढ़ हो गई थी। कारण, दोनो एक ही घाट पानी पीनेवाले थे, कई बार पी भी चुके थे, इससे हृदय भेद-भाव-रहित हो गया था। हैमिल्टन साहब को तार पाने पर बड़ी प्रसन्नता हुई। हिंदोस्तानी युवती को साहबी उद्दंडता, क्रूरता तथा कूटता का ज्ञान करा देने के लिये वह तैयार हो रहे थे, उसी समय उन्हें तार मिला। एक बार कुँवर साहब के माननीय मित्र की हैसियत से क्षुद्र नर्तकी को देखने की उनकी लालसा प्रबल हो गई थी। वह कुछ दिन की छुट्टी लेकर चले आए।

कनक ने सोचा था, कुँवर साहब को अपने इंगित पर नचाएगी। राजकुमार को गिरफ़्तार कर जब इच्छा मुक्त कर उसकी सहायता से मुक्त हो जायगी। पर यहाँ और रंग देखा। उसने सोचा था, कुँवर साहब अकेले रहेंगे। पीली पड़ गई। हैमिल्टन उसे देखकर मुस्किराया। दृष्टि में व्यंग्य फूट रहा था। अंकुश कनक के हृदय को पार कर गया। चारो तरफ़ से कटाक्ष हो रहे थे। सब उसकी लज्जा को भेद कर उसे देखना चाहते थे। कनक व्याकुल हो गई। आवाज़ में कहीं भी अपनापन न था।

कुँवर साहब पालकी से उतरे। सब लोगों ने शैतान की सूरत का स्वागत किया। कनक खड़ी सबको देख रही थी।

"अजी, आप बड़ी मुश्किलों में मिलीं, और सौदा बड़ा महँगा!" कुँवर साहब ने मित्रों को देख कनक की तरफ़ इशारा करके कहा।

कनक कमल की कली की तरह संकुचित खड़ी रही। हृदय में आग भड़क रही थी। कभी-कभी आँखों से ज्वाला निकल पड़ती थी। याद आया, वह भी महाराजकुमारी है। पर उमड़कर आप ही हृदय बैठ गया—"मुझमें और इनमें कितना फ़र्क़। ये मालिक हैं, और मैं इनके इशारे पर नाचनेवाली! और यह फ़र्क़ इतने ही के लिये। ये चरित्र में किसी भी तवायफ़ से अच्छे नहीं। पर समाज इनका है, इसलिये इनका अपराध नहीं। ऐसी नीचता से ओत-प्रोत वृत्तियों

को लिए हुए भी ये समाज के प्रतिष्ठित, सम्मान्य, विद्वान् और बुद्धिमान् मनुष्य हैं। और मैं ?" कनक को चक्कर आने लगा। एक ख़ाली कुर्सी पकड़कर उसने अपने को सँभाला। इस तरह तप-तपकर वह और सुंदर हो रही थी, और चारो तरफ़ से उसके प्रति आक्रमण भी वैसे ही और चुभीले।

कुँवर साहब मित्रों से ख़ूब खुलकर मिले। हैमिल्टन की उन्होंने बड़ी इज्ज़त की। कुँवर साहब जितनी ही हैमिल्टन की क़द्र कर रहे थे, वह उतना ही कनक को अकड़-अकड़कर देख रहा था।

मुस्किराते हुए कुँवर साहब ने कनक से कहा—"बैठो इस बग़लवाली कुर्सी पर। अपने ही आदमियों की एक बैठक होगी, दो मंज़िले पर; यहाँ भी हारमोनियम पर कुछ सुनाना होगा। सुरेश बाबू, दिलीपसिंह भी गावेंगे। तुम्हें आराम के लिये फ़ुर्सत मिल जाया करेगी।" कहकर चालाक पुतलियाँ फेर लीं।

एक नौकर ने आकर कुँवर साहब को ख़बर दी कि सर्वेश्वरी बाई यहाँ से स्टेशन के लिये रवाना हो गईं, उनका हिसाब कर दिया गया। कहकर नौकर चला गया।

एक दूसरा नौकर आया। सलाम कर उस आदमी के गिरफ़्तार होने की ख़बर दी। कुँवर साहब ने कनक की तरफ़ देखा। कनक ने हैमिल्टन को देखकर राजकुमार को

बुलवाना उचित नहीं समझा। दूसरे, जिस अभिप्राय से उसने राजकुमार को क़ैद कराया था, यहाँ उसका वह अभिप्राय सफल नहीं हो रहा था, कोई संभावना भी न थी।

कनक को मौन देखकर कुँवर साहब ने कहा—"ले आओ उसको।"

कनक चौंक पड़ी। जल्दी में कहा—"नहीं-नहीं, उसकी कोई जरूरत नहीं, उसे छोड़ दीजिए।" कनक का स्वर काँप रहा था।

"ज़रा देख तो लें, उस इशारेबाज़ को।" कुँवर साहब ने इशारा किया।

चार सिपाही अपराधी को लेकर बँगले के भीतर आए। भीतर आते ही किसी की तरफ़ नज़र उठाए विना अपराधी ने झुककर तीन बार सलाम किया।

उसका शरीर और रंग-ढंग राजकुमार से मिलता-जुलता था। पर कनक ने देखा, वह राजकुमार नहीं था। इसका चेहरा रूखा, कपड़े मोटे, बाल छोटे-छोटे, बराबर। उम्र राजकुमार से कुछ कम जान पड़ती थी।

कुँवर साहब ने कहा—"क्योंजी, इशारेबाजी तुमने कहाँ सीखी?"

अपराधी ने फिर झुककर तीन बार सलाम किया, और कनक को एक तेज़ निगाह से देख लिया। "यह वह नहीं है।" कनक ने जल्दी में कहा। कुँवर साहब देखने लगे। पहचान-

नहीं सके। स्टेज पर ध्यान आदमी की तरफ़ से ज़्यादा कनक की तरफ़ था। पहले के आदमी से इसमें कुछ फ़र्क़ देखते थे।

अपराधी ने किसी की तरफ़ देखे विना फिर सलाम किया, और जैसे दीवार से कह रहा हो—"हुजूर, ग्वालियर में पखा-वज सीखकर कुछ दिनों तक रामपुर, जयपुर, अलवर, इंदौर, उदयपुर, बीकानेर, टीकमगढ़, रीवाँ, दरभंगा, बर्दमान, इन सभी रियासतों में मैं गया और सभी महाराजों को पखावज सुनाई है। हुजूर के यहाँ जल्सा सुनकर आया था।" कहकर उसने फिर सलाम किया।

"अच्छा, तुम पखावजिए हो ?"

"हुज़ूर !"

हैमिल्टन की तरफ़ मुड़कर अँगरेज़ी में—"अब बन गया मामला।"

कनक आगंतुक और कुँवर साहब को देख रही थी। रह-रहकर एक अज्ञात भय से कलेजा काँप उठता था।

"एक पखावज ले आओ।" सिपाही से कुँवर साहब ने कहा। बँगले की दूसरी मंजिल पर फ़र्श बिछा हुआ था, मित्रों को साथ लेकर चले। आगंतुक से कनक को ले आने के लिये कहा। सिपाही पखावज लेने चला गया। और लोग बाहर फाटक पर थे।

कुँवर साहब और उनके मित्र चढ़ गए। पीछे से दो

ख़िदमतगार भी चले गए। कमरा सूना देख युवक ने कनक के कंधे पर हाथ रखकर फिसफिसाते हुए कहा—"मैं राजकुमार का मित्र हूँ।"

कनक की आँखों से प्रसन्नता का फ़व्वारा फूट पड़ा। देखने लगी।

युवक ने कहा—"यही समय है। तीन मिनट में हम लोग खाई पार कर जायँगे। तब तक वे लोग हमारी प्रतीक्षा करेंगे। देर हुई, तो इन राक्षसों से मैं अकेले तुम्हें बचा न सकूँगा।"

कनक आवेग से भरकर युवक से लिपट गई, और हृदय से रेलकर उतावली से कहा—"चलो।"

"तैरना जानती हो?" जल्द-जल्द खाई की तरफ़ बढ़ते हुए।

"न" शंका से देखती हुई।

"पेशवाज भीग जायगी। अच्छा, हाँ," युवक कमर-भर पानी में खड़ा होकर "धीरे से उतर पड़ो, घबराओ मत।"

कनक उतर पड़ी।

युवक ने अपनी चादर भिगोकर पानी में हवा भरकर गुब्बारे-सा बना कनक को पकड़ा दिया। ऊपर से आवाज़ आई—"अभी ये लोग नहीं आए, ज़रा नीचे देखो तो।"

युवक कनक की बाँह पकड़कर, चुपचाप तैरकर खाई पार करने लगा।

लोग नीचे आए, फाटक की तरफ़ दौड़े। युवक पार चला गया।

उस पार घोर जंगल था। कनक को साथ ले पेड़ों के बीच अदृश्य हो गया।

इस बँगले के चारो तरफ़ खाईं थी। केवल फाटक से जाने की राह थी। फाटक के पास से बड़ी सड़क कुँवर साहब की कोठी तक चली गई थी।

शोर-ग़ुल उठ रहा था। ये लोग इस पार से सुन रहे थे।

"हम लोग पकड़ लिए जायँ, तो बड़ी बुरी हालत हो।" कनक ने धीरे से युवक से कहा।

"अब हजार आदमी भी हमें नहीं पकड़ सकते, यह छः कोस का जंगल है। रात है। तब तक हम लोग घर पहुँच जायँगे।" कपड़े निचोड़ते हुए युवक ने कहा।

"क्या आपका घर भी यहीं है?" चलते हुए स्नेह-सिक्त स्वर से कनक ने पूछा।

"मेरा घर नहीं, मेरे भाई की ससुराल है, राजकुमार वहीं होंगे।"

"वे लोग जंगल चारो तरफ़ से घेर लें, तो?"

"ऐसा हो नहीं सकता, और जंगल की बग़ल में ही वह गाँव है, इस तरफ़ तीन मील।"

"आपको मेरी बात कैसे मालूम हुई?"

"भाभी ने मुझे राजकुमार की मदद के लिये भेजा था। उसे उन्होंने तुम्हें ले आने के लिये भेजा था।"

कनक के क्षुद्र हृदय में रस का सागर उमड़ रहा था।

"आपकी भाभी को राजकुमार क्या कहते हैं ?"

"बहूजी।"

"आपकी भाभी मायके कब आई ?"

"तीन-चार रोज़ हुए।"

कनक अपनी एक स्मृति पर ज़ोर देने लगी।

"साथ राजकुमार थे ?"

"हाँ।"

"आप तब कहाँ थे ?"

"लखनऊ। किसानों का संगठन कर रहा था, पर बचकर, क्योंकि मुझे काम ज्यादा प्यारा था।"

"फिर ?"

"लखनऊ में सरकारी खज़ाने पर डाका पड़ा। शक पर मैं भी गिरफ़्तार कर लिया गया। पर मेरी ग़ैरहाज़िरी ही साबित रही। पुलिस के पास कोई बड़ी शिकायत नहीं थी। सिर्फ़ नाम दर्ज था। ख़ुफ़ियावाले मुझे भला आदमी जानते थे। कोई सुबूत न रहने से जमानत पर छोड़ दिया गया।"

"आप कब गिरफ़्तार किए गए ?"

"छः-सात रोज हुए होंगे। अख़बारों में छपा था।"

"राजकुमार को कब मालूम हुआ ?"

"जिस रोज़ भाभी को ले आए। उसी रात को तुम्हारे यहाँ।"

कनक एक बार प्रणय से पुलकित हो गई।

"देखिए, कैसी चालाकी, मुझे नहीं बतलाया, मुझसे नाराज होकर आए थे।"

"हाँ, सुना है, तुमसे नाराज हो गए थे। भाभी से बतलाया भी नहीं था। पर एक दिन उनकी चोरी भाभी ने पकड़ ली, तुम्हारे यहाँ से जो कपड़ा पहनकर गए थे, उसमें सिंदूर लगा था।"

कनक शरमा गई। अच्छा, यह सब भी हो चुका है?" हँसती हुई चल रही थी।

"हाँ, राजकुमार की मदद के लिये यहाँ आने पर मुझे मालूम हुआ कि कुँवर साहब ने उनको गिरफ़्तार करने का हुक्म दिया। यहाँ मेरी भाभी के पिता नौकर हैं। गिरफ़्तार करनेवालों में उनके गाँव का भी एक आदमी था। उसने उन्हें ख़बर दी। तब मैंने उसे समझाया कि अपने आदमियों को बहकाकर मुझे ही गिरफ्तार होनेवाला आदमी बतलाए, और गिरफ़्तार करा दे। राजकुमार की रक्षा के लिये मैं और कई आदमियों को छोड़कर गिरफ़्तार हो गया। मैं जानता था कि तुम मुझे नहीं पहचानतीं, इसलिये मैं छूट जाऊँगा। राजकुमार की गिरफ़्तारी की वजह भी समझ में नहीं आ रही थी।"

कनक ने बतलाया कि उसी ने, अपनी सहायता के लिये, राजकुमार को गिरफ़्तार करने का कुँवर साहब से आग्रह किया था।

धीरे-धीरे गाँव नजदीक आ गया। कनक ने थककर कहा—"अभी कितनी दूर है?"

"बस आ गए।"

"आपने अभी नाम नहीं बतलाया।"

"मुझे चंदन कहते हैं। हम लोग अब नजदीक आ गए। इन कपड़ों से गाँव के भीतर जाना ठीक नहीं। मैं पहले जाता हूँ, भाभी की एक साड़ी ले आऊँ, फिर तुम्हें पहनाकर ले जाऊँगा। एक दूसरे कपड़े में तुम्हारे ये सब कपड़े बाँध लूँगा। घबराना मत। इस जंगल में कोई बड़े जानवर नहीं रहते।"

कनक को ढाँढस बँधा चंदन भाभी के पास चला। वहाँ से गाँव चार फ़र्लांग के क़रीब था। थोड़ी रात रह गई थी।

दरवाजे पर धक्का सुनकर तारा पलँग से उठी। नीचे उतरकर दरवाजा खोला। चंदन को देखकर चाँद की तरह खिल गई—"तुम आ गए?"

स्नेहार्थी शिशु की दृष्टि से भाभी को देखकर चंदन ने कहा—"भाभी, मैं रावण से सीता को भी जीत लाया।"

तारा तरंगित हो उठी।—"कहाँ है वह?"

"पीछेवाले जंगल में। बँगले से खाईं तैराकर लाया। वहाँ बड़ी ख़राब स्थिति हो रही थी। अपनी एक साड़ी दो, बहुत जल्द, और एक चादर ओढ़ने के लिये, और एक और उसके कपड़े बाँधने के लिये।"

तुरंत एक अच्छी साड़ी और दो चद्दर निकालकर चंदन को देते हुए तारा ने कहा—"हाँ, एक बात याद आई, जरा ठहर जाओ, मैं भी चलती हूँ, मेरे साथ आएगी, तुम अलग हो जाना, ज़रा कड़े और छड़े निकाल लूँ।"

तारा का दिया हुआ कुल सामान चंदन ने लपेटकर ले लिया। फिर आगे-आगे तारा को लेकर जंगल की तरफ़ चला।

कनक प्रतीक्षा कर रही थी। शीघ्र ही दोनो कनक के पास पहुँच गए। कनक को देखकर तारा से न रहा गया। "बहन, ईश्वर की इच्छा से तुम राक्षसों के हाथ से बच गईं।" कहकर तारा ने कनक को गले से लगा लिया।

हृदय में जैसी सहानुभूति का सुख कनक को मिल रहा था, ऐसा उसे आज जीवन में नया ही मिला था। स्त्री के लिये स्त्री की सहानुभूति कितनी प्रखर और कितनी सुखद होती है, इसका आज ही उसे अनुभव हुआ।

तारा ने साड़ी देकर कहा—"यह सब खोलकर इसे पहन लो।"

कनक ने गीले वस्त्र उतार दिए। तारा ने चंदन से कहा—"छोटे साहब, ये कड़े पहना दो, देखें, कलाई में कितनी ताक़त है।"

चंदन ने कड़े डालकर दोनो हाथ घुटनों के बीच रखकर, ज़ोर लगाकर पहना दिए, फिर छड़े भी। युवती ने चंदन की इस ताक़त के लिये तारीफ़ की, फिर कनक से चद्दर ओढ़कर

साथ चलने के लिये कहा। कनक चद्दर ओढ़ने लगी, तो युवती ने कहा—"नहीं, इस तरह नहीं, इस तरह।" कनक को चद्दर ओढ़ा दी।

आगे-आगे तारा, पीछे-पीछे कनक चली। चंदन ने कनक के कपड़े बाँध लिए, और दूसरी राह के मिलने तक साथ-साथ चला।

तारा चुटकियाँ लेती हुई बोली—"छोटे साहब, इस वक्त, आप क्या हो रहे हैं?"

कनक हँसी। चंदन ने कहा—"एक दर्जा महावीर से बढ़ गया। केवल ख़बर देने ही नहीं गया, सीता को भी जीत लाया।"

थोड़ी ही दूर पर एक दूसरी राह मिली। चंदन उससे होकर चला। युवती कनक को लेकर दूसरी से चली।

प्रथम ऊषा का प्रकाश कुछ-कुछ फैलने लगा था। उसी समय तारा कनक को लेकर पिता के मकान पहुँची, और अपने कमरे में, जहाँ राजकुमार सो रहा था, ले जाकर, दरवाज़ा बंद कर लिया।

कुछ देर में चंदन भी आ गया। कनक थक गई थी। युवती ने पहले राजकुमार के पलँग पर सोने के लिये इंगित किया। कनक को लज्जित खड़ी देख बग़ल के दूसरे पलँग पर सस्नेह बाँह पकड़ बैठा दिया, और कहा—"आराम करो, बड़ी तकलीफ़ मिली।"

कनक के मुरझाए हुए अधर खिल गए।

चंदन ने पेशवाज सुखाने के लिये युवती को दिया। उसने लेकर कहा—"देखो, वहाँ चलकर इसका अग्नि-संस्कार करना है।"

चंदन थक रहा था, राजकुमार की बग़ल में लेट गया।

युवती सबकी देख-रेख में रही। धीरे-धीरे चंदन भी सो गया। कनक कुछ देर तक पड़ी सोचती रही। मा की याद आई। कहीं ऐसा न हो कि उसकी खोज में उसी वक़्त स्टेशन मोटर दौड़ाई गई हो, और तब तक गाड़ी न आई हो, वह पकड़ ली गई हो। समय का अंदाजा लगाया। गाड़ी साढ़े तीन बजे रात को आती है। चढ़ जाना संभव है। फिर राजकुमार की बातें सोचती कि न-जाने यह सब इनके विचार में क्या भाव पैदा करे। कभी चंदन की और कभी तारा की बातें सोचती, ये लोग कैसे सहृदय हैं! चंदन और राजकुमार में कितना प्रेम! तारा उसे कितना चाहती है! इस प्रकार, उसे नहीं मालूम, उसकी इस सुख-कल्पना के बीच कब पलकों के दल मुँद गए।

(१८)

कुछ दिन चढ़ आने पर राजकुमार की आँखों ने एक बार चिंता के जाल के भीतर से बाहर प्रकाश के प्रति देखा। चंदन की याद आई। उठकर बैठ गया। बहूजी झरोखे के पास एक बाज़ू पकड़े हुए बाहर की सड़क की तरफ़ देख रही

थीं। कोलाहल, कौतुक-पूर्ण हास्य तथा वार्तालाप के अशिष्ट शब्द सुन पड़ते थे।

राजकुमार ने उठकर देखा, बगल में चंदन सो रहा था। एक पलँग और बिछा था। कोई चद्दर से सिर से पैर तक ढके हुए सो रहा था।

चंदन को देखकर चिंता की तमाम गाँठें आनंद के मरोर से खुल गईं। जगाकर उससे अनेक बातें पूछने के लिये इच्छाओं के रंगीन उत्स रोएँ-रोएँ से फूट पड़े।

उठकर बहू के पास जाकर पूछा—"ये कब आए? जगा दें?"

"बातें इस तरह करो कि बाहर किसी के कान में आवाज़ न पड़े, और ज़रूरत पड़ने पर तुम्हें साड़ी पहनकर रहना होगा।"

राजकुमार जल गया—"क्यों?"

"बड़ी नाज़ुक हालत है, फिर तुम्हें सब मालूम हो जायगा।"

"पर मैं साड़ी नहीं पहन सकता। अभी से कहे देता हूँ।"

"अर्जुन तो साल-भर विराट के यहाँ साड़ी पहनकर नाचते रहे, तुमको क्या हो गया?"

"वह उस वक्त नपुंसक थे।"

"और इस वक्त तुम! उससे पीछा छुड़ाकर नहीं भगे?"

राजकुमार लज्जित प्रसन्नता से प्रसंग से टल गया। पूछा—"यह कौन हैं, जो पलँग पर पड़े हैं ?"

"मुँह खोलकर देखो।"

"नाम ही से पता चल जायगा।"

"हमें नाम से काम ज्यादा पसंद है।"

"अगर कोई अजान आदमी हो ?"

"तो जान-पहचान हो जायगी।"

"सो रहे हैं, नाराज़ होंगे।"

"कुछ बकझक लेंगे, पर जहाँ तक अनुमान है, जीत नहीं सकते।"

"कोई रिश्तेदार हैं शायद ?"

"तभी तो इतनी दूर तक पहुँचे हैं।"

राजकुमार पलँग के पास गया। चादर रेशमी और मोटी थी, मुँह देख नहीं पड़ता था। धीरे से उठाने लगा। तारा खड़ी हँस रही थी। खोलकर देखा, विस्मय से फिर चादर उढ़ाने लगा। कनक की आँखें खुल गईं। चादर उढ़ाते हुए राजकुमार को देखा, उठकर बैठ गई। देखा, सामने तारा हँस रही थी। लज्जा से उठकर खड़ी हो गई। फिर तारा के पास चली गई। मुख उसी तरह खुला रक्खा।

वार्तालाप तथा हँसी-मज़ाक़ की ध्वनि से चंदन की नींद उखड़ गई। उठकर देखा, तो सब लोग उठे हुए थे। राज-

कुमार ने बड़े उत्साह से बाहों में भरकर उसे उठाकर खड़ा कर दिया।

तारा और कनक दोनो को देख रही थीं। दोनो एक ही-से थे। राजकुमार कुछ बड़ा था। शरीर भी कुछ भरा हुआ। लोटे में जल रक्खा था। राजकुमार ने चंदन को मुँह धोने के लिये दिया। ख़ुद भी उसी से ढालकर मुँह धोते हुए पूछा—"कल जब मैं आया, तब लोगों से मालूम हुआ कि तुम आए हो, पर कहाँ हो, क्या बात है, बहूजी से बहुत पूछा, पर वह टाल गईं।"

"फिर बतलाऊँगा। अभी समय नहीं। बहुत-सी बातें हैं। अंदाज़ा लगा लो। मैं न जाता, तो इनकी बड़ी संकटमय स्थिति थी, उन लोगों के हाथ से इनकी रक्षा न होती!"

"हाँ, कुछ-कुछ समझ में आ रहा है।"

"देखो, हम लोगों को आज ही चलने के लिये तैयार हो जाना चाहिए, ऐसी सावधानी से कि पकड़ में न आएँ।"

"क्यों?"

"तुम्हें गिरफ़्तार करने का पहले ही हुक्म था, और तुम्हारी इन्होंने आज्ञा निकाली थी। उसी पर मैं गिरफ़्तार हुआ, तुम्हें बचाने के लिये, क्योंकि तुम सब जगहों से परिचित नहीं थे। फिर जब पेश हुआ, तब इनके दुबारा गाने का प्रकरण चल रहा था, बँगले में, ख़ास महफ़िल थी।" चंदन ने हाथ पोंछते हुए कहा।

"हैमिल्टन साहब भी आए थे।" कनक ने कहा। "फिर ?" राजकुमार ने चंदन से पूछा।

संक्षेप में कुल हाल चंदन बतला गया। युवती कनक को लेकर बग़लवाले कमरे में चली गई।

"आज ही चलना चाहिए।" चंदन ने कहा।

"चलो।"

"चलो नहीं, चारो तरफ़ लोग फैल गए होंगे। इस व्यूह से बचकर निकल जाना बहुत मामूली बात नहीं। और, तअज्जुब नहीं कि लोगों को दो-एक रोज़ में बात मालूम हो जाय।"

"गाड़ी सजा लें, और इसी पर चले चलें।"

"कहाँ ?"

"स्टेशन।"

"ख़ूब! तो फिर पकड़ जाने में कितनी देर है!"

"फिर ?"

"औरत बन सकते हो ?"

"न।"

चंदन हँसने लगा। कहा—"हाँ भई, तुम औरतवाले कैसे औरत बनोगे ? पर मैं तो बन सकता हूँ।"

"यह तो पहले ही से बने हुए हैं।" कहती हुई मुस्किराती कनक के साथ युवती कमरे में आ रही थी।

युवती कनक को वहीं छोड़कर भोजन-पान के इंतज़ाम के

लिये चली गई। चंदन को कमरा बंद कर लेने के लिये कह दिया। चंदन ने कमरा बंद कर लिया।

कनक निष्कृति के मार्ग पर आकर देख रही थी, उसके मानसिक भावों में युवती के संग-मात्र से तीव्र परिवर्तन हो रहा था। इस परिवर्तन के चक्र पर जो शान उसके शरीर और मन को लग रही थी, उससे उसके चित्त की तमाम वृत्तियाँ एक दूसरे ही प्रवाह से तेज़ बह रही थीं, और इस धारा में पहले की तमाम प्रखरता मिटी जा रही थी, केवल एक शांत, शीतल अनुभूति चित्त की स्थिति को दृढ़तर कर रही थी, अंगों की चपलता उस प्रवाह से तट पर तपस्या करती हुई-सी निश्चल हो रही थी।

राजकुमार चंदन से उसका पूर्वापर कुछ प्रसंग एक-एक पूछ रहा था। चंदन बतला रहा था, दोनो के वियोग के समय से अब तक की संपूर्ण घटनाएँ, उनके पारस्परिक संबंध वार्तालाप से जुड़ते जा रहे थे।

"तुम विवाह से घबराते क्यों हो?" चंदन ने पूछा।

"प्रतिज्ञा तुम्हें याद होगी।" राजकुमार ने शांत स्वर से कहा।

"वह मानवीय थी, यह संबंध दैवी है, इसमें शक्ति ज्यादा है।"

"जीवन का अर्थ समर है।"

"पर जब तक वह क़ायदे से, सतर्क और सरस अविराम

होता रहे। विक्षिप्त का जीवन जीवन नहीं, न उसका समर समर।"

"मैं अभी विक्षिप्त नहीं हुआ।"

चोट खा वर्तमान स्थिति को कनक भूल गई। अत्रस्त-दृष्टि, अकुंठित कंठ से कह दिया—"मैंने विवाह के लिये कब, किससे प्रार्थना की?"

चंदन देखने लगा। ऐसी आँखें उसने कभी नहीं देखीं। इनमें कितना तेज!

कनक ने फिर कहा—"राजकुमारजी, आपने स्वयं जो प्रतिज्ञा की है, शायद ईश्वर के सामने की है, और मेरे लिये जो शब्द आपके हैं—आप ईडन गार्डेन की बातें नहीं भूले होंगे—वे शायद वारांगना के प्रति हैं?"

चंदन एक बार कनक की आँखें और एक बार नत राजकुमार को देख रहा था। दोनो के चित्र सत्य का फ़ैसला कर रहे थे।

(१९)

तारा ने दो नौकरों को बारी-बारी से दरवाजे पर बैठे रहने के लिये तैनात कर दिया। कह दिया कि बाहरी लोग उससे पूछकर भीतर आवें।

शोर-गुल सुनकर वह ऊपर चली गई, देखा, कनक जैसे एकांत में बैठी हुई हो। उसके चेहरे की उदास, चिंतित चेष्टा से तारा के हृदय में उसके प्रति स्नेह का स्रवण खुल गया।

उसने युवकों की तरफ़ देखा। राजकुमार मुँह मोड़कर पड़ा हुआ परिस्थिति से पूर्ण परिचित करा रहा था। भाभी को गंभीर मुद्रा से देखते हुए देखकर चंदन ने अकुंठित स्वर से कह डाला—"महाराज दुष्यंत को इस समय दिमाग़ की गर्मी से विस्मरण हो रहा है, असग़रअली के यहाँ का गुलाब-जल चाहिए।"

कनक मुस्किराने लगी। तारा हँसने लगी।

"तुम यहाँ आकर आराम करो," कनक से कहकर तारा ने चंदन से कहा—"छोटे साहब, जरा तकलीफ़ कीजिए, इस पलँग को उठाकर उस कमरे में डाल दीजिए, दूसरे को अब इस वक़्त न बुलाना ही ठीक है।"

कनक को लेकर तारा दूसरे कमरे में चली गई।

"उठो जी, पलँग बिछाओ," चंदन ने राजकुमार को खोद्कर कहा।

राजकुमार पड़ा रहा। हँसते हुए पलँग उठाकर चंदन ने बग़लवाले कमरे में डाल दिया। बिस्तर बिछाने लगा। तारा ने बिस्तर छीन लिया। ख़ुद बिछाने लगी। कनक की इच्छा हुई कि तारा से बिस्तर लेकर बिछा दे, पर इच्छा को कार्य का रूप न दे सकी, खड़ी ही रह गई, तारा के प्रति एक श्रद्धा का भाव लिए, और इसी गुरुता से उसे मालूम हुआ, जैसे उसका मेरुदंड झुककर टूट जायगा।

तारा ने चंदन से कहा—"यहीं दो घड़े पानी भी ले आइए।"

चंदन चला गया। तारा कनक को बैठाकर बैठ गई; और राजकुमार की बातें साद्यंत पूछने लगी।

चंदन ने कहा, आगे एक स्टेशन चलकर गाड़ी पर चढ़ना है।

चंदन पानी ले आया, तो तारा ने कहा—"एक काम और है, आप लोग भी पानी भरकर जल्द नहा लीजिए, और आप ज़रा नीचे मुन्नी से कह दीजिए कि वह हरपालसिंह को बुला लावे, अम्मा शायद अब रोटियाँ सेंकती होंगी, आज ख़ुद ही पकाने लगीं, कहा, अब चलते वक्त रोटियों से हैरान क्यों करें?"

चंदन चला गया। तारा फिर कनक से बातचीत करने लगी। तारा के प्रति पहले ही व्यवहार से कनक आकर्षित हो चुकी थी। धीरे-धीरे वह देखने लगी। संसार में उसके साथ पूरी सहानुभूति रखनेवाली केवल तारा है। कनक ने पहलेपहल तारा को जब दीदी कहा, उस समय कनक के हृदय पर रक्खा हुआ जैसे तमाम बोझ उतर गया। दीदी की एक स्नेह-सिक्त दृष्टि से उसकी थकावट, कुल अशांति मिट गई। पारिवारिक तथा समाज के सुख से अपरिचित कनक ने स्नेह का यथार्थ मूल्य उसी समय समझा। उसकी बाधाएँ आप-ही-आप दूर हो गईं। अब जैसे भूली हुई वह

एकाएक राज-पथ पर आ गई हो। राजकुमार के प्रथम दर्शन से लेकर अब तक का पूरा इतिहास, अपने चित्त के विक्षेप की सारी कथा, राजकुमार से कुछ कह न सकने की लज्जा सरल सलज्ज मंद स्वर से कहती रही।

राजकुमार बग़लवाले कमरे में जाग रहा था, अपनी पूरी शक्ति से, इस आई हुई अड़चन को पार कर जाने के लिये चिंताओं की छलाँग मार रहा था। कभी-कभी उठती हुई कल-हास्य-ध्वनि से चौंककर अपने वैराग्य की मात्रा बढ़ाकर चुप हो जाता।

चंदन अपना काम पूरा कर आ गया। पलँग पर बैठकर कहा—उठो, तुम्हें एक मज़ेदार बात सुनाऊँ।

राजकुमार जागता था ही, उठकर बैठ गया।

"सुनो, कान में कहूँगा," चंदन ने धीरे से कहा।

राजकुमार ने चंदन की तरफ़ सिर बढ़ाया।

चंदन ने पहले इधर-उधर देखा, फिर राजकुमार के कान के पास मुँह ले गया। राजकुमार सुनने के लिये जब ख़ूब एकाग्र हो गया, तो चुपके से कहा, "नहाओगे नहीं ?"

विरक्ति से राजकुमार लेटने लगा। चंदन ने हाथ पकड़ लिया—"बस अब, उधर देखो, मुक़दमा दायर है, अब पुकार होती ही है।"

"रहने भी दो, मैं नहीं नहाऊँगा।" राजकुमार लेटा रहा।

एक बग़ल चंदन भी लेट गया—"मैं तो प्रातः स्नान कर चुका हूँ।"

नीचे हरपालसिंह खड़ा था। मुन्नी 'दीदी-दीदी' पुकारती हुई ऊपर चढ़ गई।

कमरे से निकलकर तारा ने हरपालसिंह को ऊपर बुलाया।

चंदन और राजकुमार उठकर बैठ गए। उसी पलँग पर तारा ने हरपालसिंह को भी बैठाया।

हरपालसिंह चंदन और राजकुमार को पहचानता था।

"कहिए बाबू, कल आप बच गए।" राजकुमार से कहता और इशारे करता हुआ बैठ गया। फिर राजकुमार की दाहनी बाँह पकड़कर मुस्किराते हुए कहा—"बड़े कस हैं।"

राजकुमार बैठा रहा। तारा स्नेह की दृष्टि से राजकुमार को देख रही थी, जैसे उस दृष्टि से कह रही हो, आपकी बातें मालूम हो गईं। दृष्टि का कौतुक बतला रहा था, तुम्हारा अपराध है।

तारा का मौन फ़ैसला समझकर चंदन चुपचाप मुस्किरा रहा था।

रात की ख़बर अब तक तीन कोस से ज्यादा फ़ासले तक फैल चुकी थी। हरपालसिंह को भी ख़बर मिली थी। चंदन के भग आने का उसने निश्चय कर लिया था। पर बाईजी के भगाने का कारण वह नहीं समझ सका। कमरे में

इधर-उधर नजर दौड़ाई, पर बाईजी को न देखकर वह कुछ व्यग्र-सा हो रहा था। जैसी व्यग्रता किसी सत्य की शृंखला न मिलने पर होती है।

इसी समय तारा ने धीमे स्वर से कहा—"भैया, तुम सब हाल जानते ही हो, बल्कि सारी कामयाबी तुम्हीं से हुई, अब थोड़ा-सा सहारा और कर दो, तो खेवा पार हो जाय।"

हरपालसिंह ने फटाफट तंबाकू झाड़कर अंतर्दृष्टि होते हुए फाँककर जीभ से नीचे के होंठ में दबाते हुए सीना तानकर सिर के साथ बंद पलकें एक तरफ़ मरोड़ते हुए कहा—"हूँ—"

तंबाकू की झाड़ से चंदन को छींक आ गई। किसी को छींक से शुभ वार्तालाप के समय शंका न हो, इस विचार से सचेत हरपालसिंह ने एक बार सबको देखा, फिर कहा—"असगुन नहीं है, तंबाकू की झार से छींक आई है।"

तारा ने कहा—"भैया, आज शाम को अपनी गाड़ी ले आओ और चार जने और साथ चले चलो, अगले स्टेशन में छोड़ आओ, छोटे साहब बाईजी को भी बचाकर साथ ले आए हैं न, नहीं तो वहाँ उनका उन बदमाशों से छुटकारा न होता, बाईजी ने बचाने के लिये कहा, फिर संकट में भैया आदमी ही आदमी का साथ देता है, भला कैसे छोड़कर आते?"

हरपालसिंह ने डंडा सँभालकर मुट्ठी से जमीन में दबाते हुए एक पीक वहीं थूककर कहा—"यह तो छत्री का धर्म है। गोसाईंजी ने लिखा है—

रघुकुल रीति सदाचलि आई ;
प्रान जायँ पै बचन न जाई।"

फिर राजकुमार का कल्ला दबाते हुए कहा—"आप तो अँगरेज़ी पढ़े हौ, हम तो बस थोड़ी-बाड़ी हिंदी पढ़े ठहरे, है न ठीक बात?"

राजकुमार ने जहाँ तक गंभीर होते बना, वहाँ तक गंभीर होकर कहा—"आप ठीक कहते हैं।"

तारा ने कहा—"तो भैया, शाम को आ जाओ, कुछ रात बीते चलना है।"

"बस बैल चरकर आए कि हम जोतकर चले, कुछ और काम तो नहीं है?"

"नहीं भैया, और कुछ नहीं।"

हरपालसिंह ने उठकर तारा के पैर छुए और खटाखट ज़ीने से उतरकर बाहर आ, आल्हा अलापना शुरू कर दिया—"दूध लजावैं ना माता को, चहै तन धजी-धजी उड़ जाय ; जीते बैरी हम ना राखैं, हमरो छत्री धरम नसाय।" गाते हुए चला गया।

"रज्जू बाबू, ग़लती आपकी है।" तारा ने सहज स्वर में कहा।

"लो, मैं नहीं कहता था कि मुक़द्दमा दायर है; फ़ैसला छोटी अदालत का ही रहा।" चंदन ने हँसते हुए कहा।

राजकुमार कुछ न बोला। उसका गांभीर्य तारा को अच्छा नहीं लगा। कहा—"यह सब वाहियात है, क्यों रज्जू बाबू, मेरी बात नहीं मानोगे? देखो, मैं तुम्हें यह संबंध करने के लिये कहती हूँ।"

"अगर यह प्रस्ताव है, तो मैं इसका अनुमोदन और समर्थन करता हूँ", चंदन ने हँसते हुए कहा।

चंदन की हँसी राजकुमार के अंगों में तीर की तरह चुभ रही थी। "और अब आज से वह मेरी छोटी बहन है," तारा ने ज़ोर देते हुए कहा।

"तो मेरी कौन हुई?" चंदन ने शब्दों को दबाते हुए पूछा। तारा अप्रतिभ हो गई। पर सँभलकर कहा—"यह दिल्लगी का वक़्त नहीं है।"

चंदन चुपचाप लेट गया। दूसरी तरफ़ से राजकुमार को खोदकर फिसफिसाते हुए कहा—"आप कर क्या रही हैं?"

"यार, तुम्हारा लड़कपन नहीं छूटा अभी।" राजकुमार ने डाँट दिया।

चंदन भीतर-ही-भीतर हँसते-हँसते फूल गया, तारा नीचे उतर गई। एक बार तारा को झाँककर राजकुमार से कहा—"तुम्हारा जवानपन बलबला रहा है, यह तो देख ही रहा हूँ।"

तारा नीचे से लोटा और एक साड़ी लेकर आ रही थी। राजकुमार के कमरे में आकर कहा—"नहा डालो रज्जू बाबू, देर हो रही है, भोजन तैयार हो गया होगा।"

"आज नहाने को इच्छा नहीं है।"

"व्यर्थ तबियत खराब करने से क्या फ़ायदा?" हँसती हुई "न नहाने से यह बला टल थोड़े ही सकती है?"

"उठो, अघोर-पंथ से घिनवाकर लोगों को भगाओगे क्या? जैसा पाला साबुन और एसेंस-पंथियों से पड़ा है, तुम्हारे अघोर-पंथ के भूत उतार दिए जायँगे।" चंदन ने पड़े हुए कहा।

"और आप, आप भी जल्दी कीजिए।" हँसती हुई तारा ने चंदन से कहा।

"अब बार-बार क्या नहाऊँ? पिछली रात नहा तो चुका, और ऐसे-वैसे स्नान नहीं, स्त्री-रूपी नदी को छूकर पहला स्नान, सरोवर में दूसरा, फिर डेढ़ घंटे तक ओस में तीसरा, और जो गीले कपड़ों में रहा, वह सब बट्टे खाते।" चंदन ने हँसते हुए कहा।

तारा हँसती रही। राजकुमार से एक बार और नहाने के लिये कहकर कनक के कमरे में चली गई।

मकान के अंदर कुआँ था। महरी पानी भर रही थी। राजकुमार नहाने चला गया।

मुन्नो भोजन के लिये राजकुमार और चंदन को बुलाने

आया था। कुएँ पर राजकुमार को नहाते देखकर बाहर चला गया।

अभी तक घर की स्त्रियों को कनक की खबर न थी। अकारण घृणा की शंका कर तारा ने किसी से कहा भी नहीं था। अधिक भय उसे रहस्य के खुल जाने का था। कनक को नहलाकर वह माता के पास जाकर एक थाली में भोजन परोसवा लाई। माता ने पूछा, यह किसका भोजन है?

एक मेहमान आए हैं, फिर आपसे मिला दूँगी, संक्षेप में समाप्त कर तारा थाली लेकर चली गई।

कनक बैठी हुई तारा की सेवा, स्नेह, सहृदयता पर विचार कर रही थी। बातचीत से कनक को मालूम हो गया था कि तारा पढ़ी-लिखी है, और मामूली अँगरेजी भी अच्छी जानती है। उसके इतिहास के प्रसंग पर जिन अँगरेजों के नाम आए थे, तारा ने उनका बड़ा सुंदर उच्चारण किया था, और अपनी तरफ़ से भी एकाध अँगरेजी के शब्द कहे थे। "तारा का जीवन कितना सुखमय है!" कनक सोच रही थी। और जितनी ही उसकी आलोचना कर रही थी, अपने तमाम स्त्री-स्वभाव से उसके उतने ही निकट होती जा रही थी, जैसे लोहे को चुंबक देख पड़ा हो।

तारा ने जमीन पर आसन डालकर थाली रख दी और भोजन के लिये सस्नेह कनक का हाथ पकड़ उठाकर बैठा दिया। कनक के पास इस व्यवहार का, वश्यता स्वीकार के

सिवा और कोई प्रतिदान न था। वह चुपचाप आसन पर बैठ गई, और भोजन करने लगी। वहीं तारा भी बैठ गई।

"दीदी, मैं अब आप ही के साथ रहूँगी।"

तारा का हृदय भर आया। कहा—"मैंने पहले ही यह निश्चय कर लिया है। हम लोगों में पुराने ख़यालात के जो लोग हैं, उन्हें तुमसे कुछ दुराव रह सकता है, क्योंकि वे लोग उन्हीं ख़यालात के भीतर पले हैं, उनसे तुम्हें कुछ दुःख होगा, पर बहन, मनुष्यों के अज्ञान की मार मनुष्य ही तो सहते हैं, फिर स्त्री तो सिर्फ़ क्षमा और सहनशीलता के कारण पुरुष से बड़ी है। उसके यही गुण पुरुष की जलन को शीतल करते हैं।"

कनक सोच रही थी कि उसकी दीदी इसीलिये मोम की प्रतिमा बन गई है।

तारा ने कहा—"मेरी अम्मा, छोटे साहब की मा, शायद वहाँ तुमसे कुछ नफ़रत करें, और अगर उनसे तुम्हारी मुलाक़ात होगी, तो मैं उनसे कुछ छिपाकर नहीं कह सकूँगी, और तुम्हारा वृत्तांत सुनकर वह जिस स्वभाव की हैं, तुम्हें छूने में तथा अच्छी तरह बातचीत करने में ज़रूर कुछ संकोच करेंगी। पर शीघ्र ही वह काशी जानेवाली हैं, अब वहीं रहेंगी। मैं अब के जाते ही उनके काशी-वास का प्रबंध करवाऊँगी।"

कनक को हिंदू-समाज से बड़ी घृणा हुई, यह सोचकर कि क्या वह मनुष्य नहीं है, अब तक मनुष्य कहलानेवाले समाज के बड़े-बड़े अनेक लोगों के जैसे आचरण उसने देखे हैं, क्या वह उनसे किसी प्रकार भी पतित है। कनक ने भोजन बंद कर दिया। पूछा—"दीदी, क्या किसी जात का आदमी तरक़्क़ी करके दूसरी जात में नहीं जा सकता ?"

"बहन, हिंदुओं में अब यह रिवाज नहीं है, मैं एक विश्वामित्र को जानती हूँ, ज़्यादा हाल तुम्हें छोटे साहब बतला सकेंगे, वे यह सब मानते भी नहीं और कुछ पढ़ा भी है। वे कहते हैं, आदमी आदमी है, और ऊँचे शास्त्रों के अनुसार सब लोग एक ही परमात्मा से हुए हैं, यहाँ जिस तरह शिक्षा-क्रम से बड़े-छोटे का अंदाज़ा लगाया जाता है, पहले इसी तरह शिक्षा, सभ्यता और व्यवसाय का क्रम रखकर जातियाँ तैयार की गई थीं, वे और भी बहुत-सी बातें कहते हैं।"

कनक ने इस प्रसंग के पहले गुस्से से भोजन बंद कर दिया था, अब ख़ुश होकर फिर खाने लगी। दिल-ही-दिल चंदन से मिलकर तमाम बातें पूछने की तैयारी कर रही थी।

तारा निविष्ट चित्त से कनक का भोजन करना देख रही थी। जब से कनक मिली, तारा तभी से उसकी सब प्रकार से परीक्षा कर रही थी। कनक में बहुत बड़े-बड़े लक्षण उसने

देखे। उसने किसी भी बड़े ख़ानदान में इतने बड़े लक्षण नहीं देखे। उसकी चाल-चलन, उठना-बैठना, बोलना-बतलाना सब उसके बहुत बड़े ख़ानदान में पैदा होने की सूचना दे रहे थे और उसके एक-एक इंगित में आकर्षण था। सत्रह साल की युवती की इतनी पवित्र चितवन उसने कभी नहीं देखी। सिर्फ़ एक दोष तारा को मिल रहा था, वह थी कनक की तीव्रता।

मुन्नो बाहर से घूमकर आया। राजकुमार नहाकर ऊपर चला गया था। उसने उँगली पकड़कर कहा, चलिए, खाना तैयार है। फिर उसी तरह चंदन की उँगली पकड़कर खींचा, उठिए।

राजकुमार और चंदन भोजन करने चले गए।

तारा डब्बा ले आकर पान लगाने लगी। कनक भोजन समाप्त कर उठी। तारा ने पान दिया। पलँग पर आराम करने के लिये कहा और कह दिया कि तीसरे पहर उसके घर की स्त्रियाँ और उसकी माता मिलेंगी, अभी तक उनको कनक के आने के संबंध में विशेष कुछ मालूम नहीं है। साथ ही यह भी बतला दिया कि एक झूठ परिचय दे देने से नुक़सान कुछ नहीं, बल्कि फ़ायदा ज़्यादा है, यों उन लोगों को पीछे से तमाम इतिहास मालूम हो ही जायगा।

कनक यह परिचय के छिपाने का मतलब कुछ-कुछ समझ

रही थी। उसे अच्छा नहीं लगा। पर तारा की बात उसने मान ली। चुपचाप सिर हिलाकर सम्मति दी।

तारा भी भोजन करने चली गई। कनक को इस व्यक्तिगत घृणा से एक जलन हो रही थी। वह समझने की कोशिश करके भी समझ नहीं पाती थी। एक सांत्वना उसके उस समय के जीवन के लक्ष्य में तारा थी। तारा के मौन प्रभाव की कल्पना करते-करते उसकी आँख लग गई।

राजकुमार और चंदन भोजन कर आ गए। चंदन को नींद लग रही थी। राजकुमार स्वभावतः गंभीर हो चला था। कोई बातचीत नहीं हुई। दोनो लेट रहे।

(२०)

कुछ दिन के रहते, अपना असबाब बँधवाकर तारा कनक को देखने गई। चंदन सो रहा था। राजकुमार एक किताब बड़े ग़ौर से पढ़ रहा था। कनक को देखा, सो रही थी। जगा दिया। घड़े से पानी ढालकर मुँह धोने के लिये दिया। पान लगाने लगी।

कनक मुँह धो चुकी। तारा ने पान दिया। एक बार फिर समझा दिया कि अब घर की स्त्रियों से मिलना होगा, वह ख़ूब सँभलकर बातचीत करेगी। यह कहकर वह चंदन के पास गई। चंदन को जगा दिया और कह दिया कि अब सब लोग आ रही हैं, और वह छींटों के लिये तैयार होकर, हाथ-मुँह धोकर बैठे।

तारा नीचे चली गई। चंदन भी हाथ-मुँह धोने के लिये नीचे उतर गया। राजकुमार किताब में तल्लीन था।

देखते-देखते कई औरतें बराबर के दूसरे मकान से निकलकर तारा के कमरे पर चढ़ने लगीं। आगे-आगे तारा थी।

तारा के घर के लोग, उसके पिता और भाई, जो स्टेट में नौकर थे, चंदन की गिरफ़्तारी का हाल जानते थे। इससे भागने पर निश्चय कर लिया था कि छोटी बाईजी वही लेकर भागा है। इस समय इंतज़ाम से उन्हें फ़ुर्सत न थी। अतः घर सिर्फ़ दोपहर को भोजन के लिये आए थे और चुपचाप तारा से पूछकर भोजन करके चले गए थे। घर की स्त्रियों से इसकी कोई चर्चा नहीं की। डर रहे थे कि इस तरह भेद खुल जायगा। तारा उसी दिन चली जायगी, इससे उन्हें कुछ प्रसन्नता हुई और कुछ चिंता भी। तारा के पिता ने तारा से कहा कि बड़े ज़ोर-शोर की खोज हो रही है और शायद कलकत्ते के लिये आदमी रवाना किए जायँ। उन्होंने यह भी बतलाया कि कई साहब आए थे, एक घबराए हुए हैं, शायद आज ही चले जायँ। तारा दो-एक रोज़ और रहती। पर भेद के खुल जाने के डर से उसी रोज़ तैयार हो गई थी। उसने सोच लिया था कि वह किसी तरह विपत्ति से बच भी सकती है, पर एक बार भी अगर गढ़ में यह खबर पहुँच गई, तो उसके पिता का किसी प्रकार भी बचाव नहीं हो सकता।

स्त्रियों को लेकर तारा कनक के कमरे में गई। दोनो पलँग के बिस्तर के नीचे से दरी निकालकर फ़र्श पर बिछाने लगीं। उसकी भावज ने उसकी सहायता की।

कनक को देखकर तारा की भावजें और बहनें एक दूसरी को खोदने लगीं। तारा की मा को उसे देखकर बड़ा आश्चर्य हुआ। कनक की ऐसी दृष्टि थी, जिसकी तरफ़ देखकर किसी भी गृहस्थ की स्त्रियों को क्रोध होता। उसकी दृष्टि में श्रद्धा न थी, थी स्पर्धा। बिलकुल सीधी चितवन, उम्र में उससे बड़ी-बड़ी स्त्रियाँ थीं, कम-से-कम तारा की मा तो थी ही, पर उसने किसी प्रकार भी अपना अदब नहीं जाहिर किया। देखती थी जैसे जंगल की हिरनी जल्द क़ैद की गई हो। तारा कुल मतलब समझती थी, पर कुछ कह नहीं सकती थी। कनक ने स्त्रियों से मिलने की सभ्यता का एक अक्षर भी नहीं पढ़ा था, उसे जरूरत भी नहीं थी। वह प्रणाम करना तो जानती ही न थी। खड़ी कभी तारा को देखती, कभी स्त्रियों को। तारा की माता प्रणाम करवाने, और ब्राह्मण-कन्या या ब्राह्मण-बहू होने पर उसे प्रणाम करने की लालसा लिए ही खड़ी रह गई। तारा से पूछा, कौन है? तारा ने कहा, अपनी ही जात। कनक को हार्दिक कष्ट था। जाहिर करने का कोई उपाय न था, इससे और कष्ट।

कनक का सेंदुर धुल गया था। पर उम्र से तारा की मा तथा औरों को विवाह हो जाने का ही निश्चय हो रहा

था। कभी सोच रही थीं कि शायद विधवा हो। पहनावे से फिर शंका होती थी। इन सब मानसिक प्रहारों से कनक का कलेजा जैसे सब तरफ़ से दबा जा रहा हो, कहीं साँस लेने की जगह भी न रह गई हो।

कुछ देर तक यह दृश्य देखकर तारा ने माता से कहा, 'अम्मा, बैठ जाओ।

तारा की मा बैठ गई और स्त्रियाँ भी बैठ गईं। तारा ने कनक को भी बैठा दिया।

कनक किसी तरह उनमें नहीं मिल रही थी। तारा की मा उसके प्रणाम न करने के अपराध को किसी तरह भी क्षमा नहीं करना चाहती थी, और उतनी बड़ी लड़की का विवाह होना उनके पास ९९ फ़ीसदी निश्चय में दाख़िल था।

प्रखर स्वर से कनक से पूछा—"कहाँ रहती हो बच्ची ?"

कनक के दिमाग़ के तार एक साथ झनझना उठे। उत्तर देना चाहती थी, पर गुस्से से बोल न सकी। तारा ने सँभाल लिया—"कलकत्ते में।"

"यह गूँगी हैं क्या ?" तारा की मा ने दूसरा वार किया। और-और स्त्रियाँ एक दूसरी को खोदकर हँस रही थीं। उन्हें ज़्यादा ख़ुशी कनक के तंग किए जाने पर इसलिये थी कि वह इन सबसे सुंदरी थी; और एक-एक बार जिसकी तरफ़ भी उसने देखा था, सबने पहले आँखें झुका ली थीं और दोबारा आँखों के प्यालों में ऊपर तक ज़हर भर उसकी तरफ़

उँडेला था। उसके इतने सौंदर्य के अभाव से उतने समय के लिये वीतराग होकर और सौंदर्य को मन-ही-मन क़स्बियों की संपत्ति क़रार दे रही थीं।

"जी नहीं, गूँगी तो नहीं हूँ।" कनक ने अपनी समझ में बहुत मुलायम करके कहा! पर तारा की मा के लिये इससे तेज दूसरा उत्तर था ही नहीं, और घर आई हुई से पराजय होने पर भी हमेशा विजय की गुंजायश बनी रहती है। इस प्राकृतिक अनुभूति से स्वतः प्रेरित स्वर को मध्यम से धैवत-निषाद तक चढ़ाकर भौएँ तीन जगह से सिकोड़कर, जैसे बहुत दूर की कोई वस्तु देख रही हों - मनुष्य नहीं, फिर आक्रमण किया—"अकेले यहाँ कैसे आई?"

तारा को इस हद तक आशा न थी। बड़ा बुरा लगा। उसने उसी वक़्त बात बना ली—"स्टेशन आ रही थीं, अपने मामा के यहाँ से छोटे साहब से मुलाक़ात हो गई, तो साथ ले लिया, कहा, एक साथ चलेंगे, मुझे बताया है कि वह भी चलेंगी।"

"अरे वही कहा न कि अकेले घूमना—विवाह हो गया है कि नहीं?" तारा की माता के मुख पर शंका, संदेह, नफ़रत आदि भाव बादलों से पहाड़ी दृश्य की तरह बदल रहे थे।

"अभी नहीं," कनक को अच्छी तरह देखते हुए तारा ने कहा।

मुद्रा से माता ने आश्चर्य प्रकट किया। और-और स्त्रियाँ

असंकुचित हँसने लगीं। कनक की मानसिक स्थिति बयान से बाहर हो गई।

चंदन वहीं दूसरे कमरे में पड़ा था। यह सब आलम-परिचय सुन रहा था। उसे बड़ा बुरा लगा। स्त्रियों ही की तरह निर्लज्ज हँसता हुआ कहने लगा—"अम्मा, बस इसी तरह समझिए, जैसे बिट्टन, जैसे मामा के यहाँ गई हैं, और रास्ते में मैं मिल गया होऊँ और, मेरे खानदान की कोई स्त्री हो, वहाँ टिका लूँ, फिर यहाँ ले आऊँ। हाँ बिट्टन में और इनमें यह फ़र्क़ अवश्य है कि बिट्टन को चाहे तो कोई भगा ले सकता है, इन्हें नहीं, क्योंकि यह बहुत काफ़ी पढ़ी-लिखी हैं।"

तारा की माता पस्त हो गईं। बिट्टन उन्हीं की लड़की है। उम्र १५ साल की, पर अभी विवाह नहीं हुआ। चंदन से विवाह करने के इरादे पर रोक रक्खा है। बिट्टन अपने मामा के यहाँ गई है।

तारा को चंदन का जवाब बहुत पसंद आया और कनक के गाल तो मारे प्रसन्नता के लाल पड़ गए। राजकुमार उसी तरह निर्विकार चित्त से किताब पढ़ने का ठाठ दिखा रहा था। भीतर से सोच रहा था, किसी तरह कलकत्ता पहुँचूँ, तो बताऊँ।

सब रंग फीका पड़ गया।

"अभी पिसनहर के यहाँ पिसना देने जाना है" कहकर, काँखकर, वैसे ही त्रिभंगी दृष्टि से कनक को देखती हुई मुँह

बनाकर तारा की माता उठीं और धीरे-धीरे नीचे उतर गईं। जीने से एक दफ़ा चंदन को भी घूरा। उनके जाने के बाद घर की और-और स्त्रियों ने भी "महाजनो येन गतः स पन्थाः" का अनुसरण किया। कनक बैठे-बैठे सबको देखती रही। सब चली गईं, तो तारा से पूछा, "दीदी, ये लोग कोई पढ़ी-लिखी नहीं थीं शायद ?"

"न:, यहाँ तो बड़ा पाप समझा जाता है।"

"आप तो पढ़ी-लिखी जान पड़ती हैं।"

"मेरा लिखना-पढ़ना वहीं हुआ है। घर में कोई काम था ही नहीं। छोटे साहब के भाई साहब की इच्छा थी कि कुछ पढ़ लूँ। उन्हीं से तीन-चार साल में हिंदी और कुछ अँगरेजी पढ़ ली।"

कनक बैठी सोच रही थी और उसकी समझ में नहीं आ रहा था कि वे सब स्त्रियाँ जो अपने मकान में भी इतनी असभ्यता से पेश आईं, किस अंश में उससे बड़ी थीं। दीदी की सहृदयता और चंदन का स्नेह स्मरण कर रोमांचित हो उठती, पर राजकुमार की याद से उसे वैसी ही निराशा हो रही थी। उसके अविचल मौन से वह समझ गई कि अब वह उसे पत्नी-रूप से ग्रहण नहीं करेगा। इस चिंता से उसका चित्त न-जाने कैसा हो जाता, जैसे पक्षी के उड़ने की सब दिशाएँ अंधकार से ढक गई हों और ऊपर आकाश हो और नीचे समुद्र। अपने पेशे का जैसा अनुभव तथा उदाहरण वह

लेकर आई थी, उसकी याद आते ही घृणा और प्रतिहिंसा की एक लपट बनकर जल उठती, जो जलाने से दूसरों को दूर देखकर अपने ही तृण और काष्ठ जला रही थी।

संध्या हो चुकी थी। सूर्य की अंतिम किरणें पृथ्वी से बिदा हो रही थीं। नीचे हरपालसिंह ने आवाज दी।

तारा ने ऊपर बुला लिया। हरपालसिंह बिलकुल तैयार होकर आज्ञा लेने आया था कि तारा कहे, तो वह गाड़ी लेकर आ जाय। हरपालसिंह को चंदन के पास पलँग पर बैठाकर तारा नीचे चली गई और थोड़ी देर में चार सौ रुपए के नोट लेकर लौट आई। हरपालसिंह को रुपए देकर कहा कि वह सौ-सौ रुपए के तीन थान सोने के गहने और दस-दस रुपए तक के दस थान चाँदी के, जो भी मिल जायँ, बाजार से जल्द ले आवे।

हरपालसिंह चला गया। तारा कमरों में दिए जलाने लगी।

फिर पान लगाकर दो-दो बीड़े सबको देकर नीचे माता के पास चली गई। उसकी माता पूड़ियाँ निकाल रही थी। उसे देखकर कहा—"इससे तुम्हारी कैसे पहचान हुई ?"

एक भावज ने कहा—"देखो न, मारे ठसक के किसी से बोली ही नहीं, 'प्रभु से गरब कियो सो हारा, गरब कियो वे बन की घुँघची मुख कारा कर डारा।' हमें बड़ी गुस्सा लगी, हमने कहा, कौन बोले इस बहेतू से ?"

दूसरी ने कहा—"इसी तरह फिर औरत बिगड़ जाती है, जुआंटा है, ब्याह नहीं हुआ, अकेली घूमती है।"

तीसरी ने कहा—"छोटे बाबू से जान-पहचान अच्छी है।" यह कहकर पूड़ियाँ बेलती हुई अपनी जिठानी की तरफ़ देखकर आँखों में बड़ी मार्मिक हँसी हँसी।

उसने साथ दिया "हाँ, देखो न, बेचारे उतनी दूर से बिना बोले नहीं रह सके। कैसा बनाया, और कोई जैसे सत्तू में छेद करना जानता ही नहीं।"

उत्साह से तीसरी ने कहा—"इसीलिये तो ब्याह नहीं करते।"

तारा को इस आलोचना-प्रत्यालोचना के बीच बच रहने की काफ़ी जगह मिली। काम हो रहा है, देख वह लौट गई। इनके व्यवहार से मन-ही-मन उसे बड़ी लज्जा थी।

तारा कनक के पास चली गई। उसके प्रति व्यावहारिक जो अन्याय उसके साथ उसके मकान की स्त्रियों ने किया था, उसके लिये बार-बार क्षमा माँगने लगी। पहले उसे लज्जा होती थी, पर दूसरे बार की आलोचना ने उसे काफ़ी बल पहुँचा दिया।

"दीदी, आप मुझे मिलें, तो सब कुछ छोड़ सकती हूँ।", कनक ने स्नेह-सिक्त स्वर से कहा।

तारा के हृदय में कनक के लिये पहले ही से बड़ी जगह

थी। इस शब्द से वहाँ उसकी इतनी क़ीमत हो गई, जितनी आज तक किसी की भी नहीं हुई थी।

चंदन पड़ा हुआ सुन रहा था, उससे नहीं रहा गया, कहा; बस, जैसी तजवीज़ आपने निकाली है, कुल रोगों की एक ही दवा है, मजबूती से इन्हें पकड़े रहिए, गुरु समर्थ है, तो चेला कभी तो सिद्ध हो ही जायगा।

हरपालसिंह ने आवाज़ लगाई, तारा उठ गई। दिखाकर हरपालसिंह ने दरवाज़े पर ही कुल सामान दे दिया और पूछकर अपनी गाड़ी लेने चला गया। रात एक घंटे से ज़्यादा पार हो चुकी थी।

यह सब सामान तारा ने अपनी भावजों तथा अपने नियुक्त किए हुए लोगों और कुछ परजों को देने के लिये मँगवाया था।

मकान में जाकर तैयारी करने के लिये अपनी मा से कहा। पूड़ियाँ बाँध दी गईं। असबाब पहले ही से बाँधकर तैयार कर रक्खा था।

घर में स्त्रियाँ एकत्र होने लगीं। पड़ोस की भी कुछ स्त्रियाँ आ-आकर जमने लगीं। तारा उठकर बार-बार देवतों को स्मरण कर रही थी। ऊपर जा कनक को ओढ़ने के लिये अपनी चादर दी। भूल गई थी, छत से उसकी पेशवाज ले आई और बाँधकर एक बॉक्स में जिसमें पुराने कपड़े आदि मामूली सामान थे, डाल दिया।

हरपालसिंह गाड़ी ले आया। कोई पूछता, तो गाँव के स्टेशन गाड़ी ले जाने की बात कहता था।

तारा ने भावजों को भेंट दी। माता तथा गाँव की स्त्रियों से मिली। नौकरों को इनाम दिया। फिर कनक को ऊपर से उतारकर थोड़े से प्रकाश में थोड़े ही शब्दों में उसका परिचय देकर गाड़ी पर बैठाल, सामान रखवा, स्वयं भी भगवान् विश्वनाथ का स्मरण कर बैठ गई। राजकुमार और चंदन पैदल चलने लगे।

गाड़ी चल दी।

(२१)

दूसरा स्टेशन वहाँ से ५-६ कोस पड़ता था। रात डेढ़-दो बजे के क़रीब गाड़ी पहुँची। तारा ने रास्ते से ही कनक को घूँघट से अच्छी तरह छिपा रक्खा था। स्टेशन के पास एक बगल गाड़ी खड़ी कर दी गई। चंदन टिकट खरीदने और आवश्यक बातें जानने के लिये स्टेशन चला गया। राजकुमार से वहीं रहने के लिये कह गया। गाड़ी रात चार के क़रीब आती थी। चंदन ने स्टेशन-मास्टर से पूछा, तो मालूम हुआ कि सेकेंड क्लास डब्बा मिल सकता है। चंदन भाभी के पास लौटकर समझाने लगा कि फ़र्स्ट-क्लास टिकट ख़रीदने की अपेक्षा उसके विचार से एक सेकेंड-क्लास छोटा डब्बा रिजर्व करा लेने से सुविधा ज्यादा होगी, दूसरे क़ीमतमें भी कमी रहेगी। तारा सहमत हो गई। चंदन ने १००) तारा से और ले लिए।

रास्ते-भर कनक के संबंध में कोई बातचीत नहीं हुई। चंदन ने सबको सिखला दिया था कि कोई इस विषय पर किसी प्रकार का जिक्र न छेड़े। हरपालसिंह के आदमी स्टेशन से दूर उसके लौटने की प्रतीक्षा कर रहे थे। चंदन सोच रहा था, स्त्रियों को वेटिंग-रूम में ले जाकर रक्खे या गाड़ी आने पर चढ़ावे। हरपालसिंह फ़ुरसत पा टहलता हुआ स्टेशन की तरफ़ चला गया। चंदन डब्बा रिज़र्व कराने लगा। राजकुमार को तारा ने अपने पास बैठा लिया।

कुछ देर बाद शंका से अगल-बग़ल देख-दाख, सीना तानता हुआ हरपालसिंह लौटा। तारा से कहा—"यहाँ तो बड़ा ख़तरा है बहन! सँभलकर जाना। लोग लगे हैं। सबकी बातचीत सुनते हैं, और बड़ी जाँच हो रही है। राज्य के कई सिपाही भी हैं।

राजकुमार की आँखों से ज्वाला निकलने लगी, पर सँभल-कर रह गया। तारा घबराकर राजकुमार की तरफ़ देखने लगी। कनक भी तेज निगाह से राजकुमार को देख रही थी। स्टेशन की बत्तियों के प्रकाश में घूँघट के भीतर से उसकी चमकती हुई आँखें झलक रही थीं। कुल मुखाकृति जाहिर हो रही थी। तारा ने एक साँस लेकर हरपालसिंह से कहा—"भैया, छोटे बाबू को बुला तो लाओ।"

स्टेशन बड़ा था। बग़ल में डब्बे लगे थे। कई कर्मचारी थे। चंदन का काम हो गया था। वह हरपालसिंह को रास्ते

में ही मिल गया। उनके पास आने पर तारा, शंकित दबे हुए स्वर से, स्टेशन के वायु-मंडल का हाल, अवश्यंभावी विपत्ति से घबराई हुई, कहने लगी। चंदन थोड़ी देर सोचता रहा, फिर हरपालसिंह से कहा—

"भैया, तुम चले जाओ, भेद अगर खुल गया, और तुम साथ रहे, तो तुम्हारे लिये बहुत बुरा होगा।"

हरपालसिंह की भौहें तन गईं, निगाह बदल गई। कहा—"भैया है—जान का खेयाल करते, तो आपका साथ न देते। आपकी इच्छा होय, तो हियैं लाठी—"

चंदन ने उतावली से रोक लिया। इधर-उधर देखकर, धीरे से कहा—"यह सब हमें मालूम है भैया, तुम्हारे कहने से पहले ही। पर अब ज्यादा बहस इस पर ठीक नहीं, तुम चले जाओ, हम आराम-कमरे में जाते हैं, गाड़ी आती ही है, और हमारे साथ तुम स्टेशन पर रहोगे, तो देखकर लोग शक कर सकते हैं।"

"हाँ, यह तो ठीक है।" बात हरपालसिंह को जँच गई।

उसे बिदा करने के लिये तारा उठकर खड़ी हो गई। सामान पहले ही गाड़ी से उतारकर नीचे रख लिया गया था। हरपालसिंह ने बैल नह दिए, और तारा के चरण छुए। तारा खड़ी रही। कनक के दिल में भी हरपालसिंह के प्रति इज्जत पैदा हो गई थी। तारा के साथ ही वह भी उठकर खड़ी हो गई थी। उसका खड़ा होना हरपालसिंह को बहुत

अच्छा लगा। इस सभ्यता से उसके वीर हृदय को एक प्रकार की शांति मिली। तारा उसके पुरस्कार की बात सोचकर भी कुछ ठीक न कर सकी। एकाएक सरस्वती के दिए हुए शब्दों की तरह उसे एक पुरस्कार सूझा—"भैया जरा रुक जाओ। जिसके लिये यह सब हो रहा है, उसे अच्छी तरह देख लो।" यह कह उसने कनक का घूँघट उलट दिया। वीर हरपालसिंह की दृष्टि में जरा देर के लिये विस्मय देख पड़ा। फिर न-जाने क्या सोचकर उसने गर्दन झुका ली, और अपनी गाड़ी पर बैठ गया। फिर उस तरफ़ उसने नहीं देखा। धीरे-धीरे सड़क से गाड़ी ले चला। राजकुमार और चंदन पचास क़दम तक बढ़कर उसे छोड़ने गए।

लौटकर राजकुमार को वही क़ीमती कपड़े, जो कनक के यहाँ उसे मिले थे, पहनाकर, खुद भी इच्छानुसार दूसरी पोशाक बदलकर चंदन स्टेशन क़ुली बुलाने गया। तारा से कह गया, ज़रूरत पड़ने पर वह कनक को अपनी देवरानी कहेगी, बाक़ी परिचय वह दे लेगा।

आगे-आगे सामान लिए हुए तीन क़ुली, उनके पीछे चंदन, बीच में दोनो स्त्रियाँ, सबसे पीछे राजकुमार अपना सुरक्षित व्यूह बनाकर स्टेशन चले। कनक अवगुंठित, तारा तारा की तरह खुली हुई। पर बारीक विचार रखनेवाले देखकर ही समझ सकते थे, उन दोनो में कौन अवगुंठित और कौन खुली हुई थी। कनक सब अंगों से ढकी हुई होने पर भी

कहीं से भी झुकी हुई न थी। बिलकुल सीधी, जैसे अपनी रेखा और पद-क्षेप से ही अपना खुला हुआ जीवन सूचित कर रही हो। उधर तारा की तमाम झुकी हुई मानसिक वृत्तियाँ उसके अनवगुंठित रहने पर भी आत्मावरोध का हाल बयान कर रही थीं।

नौकर ने जनाने आराम-कमरे का द्वार खोल दिया। तारा कनक को लेकर भीतर चली गई। बाहर दो कुर्सियाँ डलवा, बुक-स्टाल से दो अँगरेज़ी उपन्यास खरीदकर दोनो मित्र बैठकर पढ़ने लगे। लोग चक्कर लगाते हुए आते, देखकर चले जाते। कुँवर साहब के आदमी भी कई बार आए, देर तक देखकर चले गए। जिस पखावजिए ने कनक को भगाया था, चंदन अपनी स्थिति द्वारा उससे बहुत दूर, बहुत ऊँचे, संदेह से परे था। किसी को शक होने पर वह अपने शक पर ही शक करता।

राजकुमार किताब कम पढ़ रहा था, अपने को ज्यादा। वह जितना ही कनक से भागता, चंदन और तारा उतना ही उसका पीछा करते। कनक अपनी जगह पर खड़ी रह जाती। उसकी दृष्टि में उसके लिये कोई प्रार्थना नहीं थी, कोई शाप भी नहीं था, जैसे वह केवल राजकुमार के इस अभिनय को खुले हृदय की आँखों से देखनेवाली हो। यह राजकुमार को और चोट करता था। स्वीकार करते हुए उसका जैसे तमाम बल ही नष्ट हो जाता था।

राजकुमार की तमाम दुर्बलताओं को अपने उस समय के स्वभाव के तीखेपन और तेज़ी से आकर्षित कर चंदन लोगों को अपनी तरफ़ मोड़ लेता था। वह भी कुछ पढ़ नहीं रहा था, पर राजकुमार जितनी हद तक मनोराज्य में था, उतनी ही हद तक चंदन बाहरी दुनिया में, अपनी तमाम वृत्तियों को सतर्क किए हुए, जैसे आकस्मिक आक्रमण को तत्काल रोकने के लिये तैयार हो। पन्ने केवल दिखाव के लिये उलटता था, और इतनी जल्दबाज़ी थी कि लोग उसी की तरफ़ आकृष्ट होते थे। चंदन का सोलहो आने बाहरी आडंबर था। राजकुमार का बाह्य-ज्ञान-राहित्य उस पर आक्रमण करने, पूछ-ताछ करने का मौक़ा देता था। पर चंदन से लोगों में भय और संभ्रम पैदा हो जाता था। वे त्रस्त हो जाते थे, और खिंचते भी थे उसी की तरफ़ पहले। वहाँ जिसकी खोज में स्टेट के आदमी थे, चांदन-जैसे उस समय के आदमी से उसकी पूछ-ताछ बेअदबी तथा मूर्खता थी, और स्टेट की भी इससे बेइज़्ज़ती होती थी—कहीं बात फैल गई; शंका थी, कहीं यह कोई बड़ा आदमी हो; पाप था—हिम्मत थी नहीं; लोग आते और लौट जाते। चंदन समझता था। इसलिये यह और गंभीर होता रहा। गाड़ी का वक़्त आ गया। लोग प्लेटफ़ार्म पर जमने लगे। चंदन की गाड़ी दूसरी लाइन पर लाकर लगा दी गई। सिगनल गिर गया। देखते-देखते गाड़ी भी आ गई। स्टेशन-

मास्टर ने गाड़ी कटवाकर चंदन के सामने ही वह डब्बा लगवा दिया, और फिर बड़े अदब से आकर चंदन को सूचना दी। एक दस रुपए का नोट निकालकर चंदन ने स्टेशन-मास्टर को पुरस्कृत किया। स्टेशन-मास्टर प्रसन्न हो गए। खड़े-खड़े पुलिस के दो सिपाही देख रहे थे। सामने आ सलामी दी। दो-दो रुपए चंदन ने उन्हें भी दिए। कुली लोग जल्दबाजी दिखला रहे थे। चंदन ने तारा को चढ़ने के लिये बाहर ही से आवाज दी, भाभी चलिए। सिपाहियों ने आदमियों को हटाकर रास्ता बना दिया। हटाते वक्त दो-एक धक्के स्टेट के आदमियों को भी मिले। कुली लोग सामान उठा-उठाकर डब्बे में रखने लगे। चंदन ने खिड़कियाँ बंद करा दीं। दरवाजा चपरासी ने खोल दिया। तारा कनक को साथ लेकर धीरे-धीरे डब्बे के भीतर चली गई। चंदन ने कुलियों और चपरासियों को भी पुरस्कार दिया। राजकुमार भी भीतर चला गया। चंदन के चढ़ते समय पुलिस के सिपाहियों ने फिर सलामी दी। चंदन ने दो-दो रुपए फिर दिए, और भीतर चढ़ गया। पुलिस के सिपाहियों ने अपनी मुस्तैदी दिखाकर चलते-चलते प्रसन्न कर जाने के विचार से "क्या देखते हो, हटो यहाँ से" कह-कहाकर सामने के लोगों को दो-चार धक्के और लगा दिए। प्रायः सब लोग स्टेट ही के खुफ़िया-विभाग के थे।

गाड़ी चल दी। कनक ने आप-ही-आप घूँघट उठा

दिया। विगत प्रसंग पर बातें होती रहीं। चारो ने खुलकर एक दूसरे की बातें कीं। जो कुछ भी राजकुमार का अविदित था, मालूम हो गया। कनक के अंदर अब किसी प्रकार का उत्साह नहीं रह गया था। वह जो कुछ कहती थी, सिर्फ कहना था, इसलिये। उसके स्वर में किसी प्रकार का अभियोग न था, कोई आकांक्षा न थी। राजकुमार के पिछले भावों से उसके मर्म-स्थल पर चोट लग चुकी थी। जितनी ही बातें होतीं, राजकुमार उतना ही दबता जा रहा था। तारा ने फिर कोई आग्रह विवाह आदि के लिये नहीं किया। चंदन भी दो-एक बार उसे दोष देकर चुप रह गया। हाँ, कुछ देर तक मनोवैज्ञानिक बातचीत की थी, जिससे राजकुमार को भी अपनी त्रुटि मालूम हो रही थी। पर कनक ने इधर जिस तेजी से, संबंध-रहित की तरह, बिल्कुल खुली हुई बातचीत की, इससे चंदन के प्रसंग पर अत्यंत संकोच और हेठी के कारण राजकुमार हारकर भी विवाह की बात स्वीकृत नहीं कर रहा था। इस समय कनक को जो कुछ आनंद मिला था, वह केवल चंदन की बातचीत से। नाराज थी कि उसके इस प्रसंग का इतना बढ़ाव किया जा रहा है। सत्य-प्राप्ति के बाद जैसे सत्य की बहस केवल तकरार होती है, हृदय-शून्य ये तमाम बातें कनक को वैसी ही लग रही थीं। राजकुमार के प्रति तारा के हृदय में अनादर था और कनक के हृदय में दुराव।

चारो एक-एक बेंच पर बैठे थे। तारा थक रही थी। लेट रही। चंदन ने स्टेशन पर और यहाँ जितनी शक्ति खर्च की थी, उसके लिये विश्राम करना आवश्यक हो रहा था। वह भी लेट रहा। हवा नहीं लग रही थी, इसलिये उठकर झरोखे खोलकर फिर लेट रहा।

राजकुमार बैठा हुआ सोच रहा था। कनक बैठी हुई अपने भविष्य की कल्पना कर रही थी, जहाँ केवल भावना-ही-भावना थी, सार्थक शब्द-जाल कोई नहीं। बड़ी देर हो गई। गाड़ी पूरी रफ़्तार से चली जा रही थी। उठकर चंदन की किताब उठाकर कनक पढ़ने लगी। तारा और चंदन सो गए।

राजकुमार अपने गत जीवन के चित्रों को देख रहा था। कुछ संस्मरण लिखने के लिये पाकेट से नोटबुक निकालकर लिखने लगा। एक विचित्र अनुभव हुआ, जैसे उसकी तमाम देह बँधी हुई खिंची जा रही हो, कनक की तरफ़, हर अंग उसके उसी अंग से बँधा हुआ। ज़ोर लगाना चाहा, पर जैसे कोई शक्ति ही न हो। इच्छा का वाष्प जैसे शरीर के सब छिद्रों से निकल जाता है। केवल उसका निष्क्रिय अहंज्ञान और निष्क्रिय शरीर रह जाता है, जैसे केवल प्रतिघात करते रहने के लिये, कुछ सृष्टि करने के लिये नहीं। इसके बाद ही उसका शरीर काँपने लगा। ऐसी दशा उसकी कभी नहीं हुई। उसने अपने को सँभालने की बड़ी चेष्टा की, पर संस्कारों के शरीर पर उसके नए प्रयत्न चल नहीं रहे थे, जैसे

उसका श्रेय जो कुछ था, कनक ने ले लिया हो, जो उसी का हो गया था ; वह जिसे अपना समझता था, जिसके दान में उसे संकोच था, जैसे उसी के पास रह गया हो, और उसकी वश्यता से अलग। अपनी तमाम रचनाओं का ऐसी विशृंखल अवस्था देख वह हताश हो गया। आँखों में आँसू आ गए। चेष्टा विकृत हो गई।

तारा और चंदन सो रहे थे। कनक राजकुमार को देख रही थी। अब तक वह मन से उससे पूर्णतया अलग थी। राजकुमार के साथ जिन-जिन भावनाओं के साथ वह लिपटी थी, उन सबको बैठी हुई अपनी तरफ़ खींच रही थी। कभी-कभी राजकुमार की मुख-चेष्टा से उसके हृदय की करुणाश्रित सहानुभूति उसके स्त्रीत्व की पुष्टि करती हुई राजकुमार की तरफ़ उमड़ पड़ती थी, तब राजकुमार की क्षुब्ध चित्त-वृत्तियों पर एक प्रकार का सुख झलक जाया करता था, उसे कुछ सांत्वना मिलती थी। नवीन बल प्राप्त कर वह अपने समर के लिये फिर तैयार होता था। कनक रह-रहकर खुद चलकर अपनी निर्दोषिता ज़ाहिर कर एक बार फिर, और अंतिम बार के लिये, प्रार्थना करने का निश्चय कर रही थी, लज्जा और मर्यादा का बाँध तोड़कर उसके स्त्रीत्व का प्रवाह एक बार फिर उसके पास पहुँचने के लिये व्याकुल हो उठा। पर दूसरे ही क्षण राजकुमार के बुरे बर्ताव याद आते ही वह संकुचित हो जाती थी।

जब कनक के भीतर सहृदय कल्पनाएँ उठती थीं, तब राजकुमार देखता था, कनक उसके भीतर, उसकी भावनाओं से रँगकर अत्यंत सुंदर हो गई है। हृदय में उसका उदय होते ही एक ज्योतिः-प्रवाह फूट पड़ता था। स्नेह, सहानुभूति और अनेक कल्पनाओं के साथ उसकी कविता सुंदर तरंगों से उसे बहलाकर बह जाती थी।

गाड़ी आसनसोल-स्टेशन पर खड़ी थी। राजकुमार बिलकुल सामने की सीट पर था। डब्बे के झरोखे खुले हुए थे। गाड़ी को स्टेशन पहुँचे दस मिनट के क़रीब हो चुका था। कनक का मुँह प्लैटफ़ार्म की तरफ़ था। बाहर के लोग उसे अच्छी तरह देख सकते थे, और देख रहे थे। प्लैटफ़ार्म की तरफ़ राजकुमार की पीठ थी।

राजकुमार चौंक पड़ा, जब एकाएक गाड़ी का दरवाज़ा खुल गया। कनक सिकुड़कर शंकित दृष्टि से आदमी को देख रही थी। घूँघट काढ़ना अनभ्यास के कारण उसके शंकित स्वभाव के प्रतिकूल हो गया।

दरवाज़े के शब्द से राजकुमार की चेतना ने आँखें खोल दीं। झपटकर उठा। एक परिचित आदमी देख पड़ा। कनक ने तारा और चंदन को जगा दिया। दोनो ने उठकर देखा, एक साहब और राजकुमार, दोनो एक दूसरे को तीव्र स्पर्धा की दृष्टि से देख रहे थे।

"तुम शायद मुझे नहीं भूले हैमिल्टन।" राजकुमार ने अँगरेज़ी में डपटकर कहा।

साहब देखते रहे। साहब के साथ एक पुलिस का सिपाही और स्टेशन-मास्टर तथा और कुछ लोग स्टेशन के और कुछ परिदर्शक एकत्र थे।

साहब को बुरी तरह डाँटे जाते देखकर स्टेशन-मास्टर ने मदद की—"इस डब्बे में भगाई हुई औरत है—वह कौन है?"

"है नहीं, हैं कहिए, उत्तर तब मिलेगा। आप कौन हैं, जिन्हें उत्तर देना है?" राजकुमार ने तेज स्वर से पूछा।

"मेरी टोपी बतला रही है।" स्टेशन-मास्टर ने आँखें निकालकर कहा।

"मैं आपको आदमी तब समझूँगा, जब जरूरत के वक्त, आप कहें कि एक रिजर्व सेकेंड क्लास के यात्री को आपने 'कौन है' कहा था।" स्टेशन-मास्टर का चेहरा उतर गया। तब कांस्टेबुल ने हिम्मत की—आपके साथ वह कौन बैठी हुई है?"

"मेरी स्त्री, भावज और भाई।"

स्टेशन-मास्टर ने साहब को अँगरेज़ी में समझा दिया। साहब ने दो बार आँखें झुकाए हुए सर हिलाया, फिर अपनी सीट की तरफ़ चल दिए। और लोग भी पीछे-पीछे चले।

दरवाज़ा बंद करते हुए सुनाकर राजकुमार ने कहा—Cowards (डरपोक सब!)

गाड़ी चल दी।

(२२)

राजकुमार के होठों का शब्द-बिंदु पीकर कनक सीपी की तरह आनंद के सागर पर तैरने लगी। भविष्य की मुक्ता की ज्योति उसकी वर्तमान दृष्टि में चमक उठी। अभी तक उसे राजकुमार से लज्जा नहीं थी, पर अब दीदी के सामने आप-ही-आप लाज के भार से पलकें झुकी पड़ती थीं। राजकुमार के हृदय का भार भी उसी क्षण से दूर हो गया। एक प्रकार की गरिमा से चेहरा वसंत के खुले हुए फूल पर पड़ती हुई सूर्यरश्मि से जैसे चमक उठा।

तारा के तारक नेत्र पूरे उत्साह से उसका स्वागत कर रहे थे, और चंदन तो अपनी मुक्त प्रसन्नता से जैसे सबको छाप रहा हो।

चंदन राजकुमार को भाभी और कनक के पास पकड़ ले गया—"ओह! देखा भाभी, जनाब कितने गहरे हैं!"

कनक अब राजकुमार से आँखें नहीं मिला सकती, राजकुमार को देखती है, तो जैसे कोई उसको गुदगुदा देता है। और, उससे सहानुभूति रखनेवाली उसकी दीदी और चंदन भी इस समय उसकी लज्जा के तरफ़दार न होंगे, उसने समझ लिया। राजकुमार के पकड़ आते ही उठकर तारा

की दूसरी बग़ल सटकर बैठ गई। उसकी बेंच पर राजकुमार और चंदन बैठे। राजकुमार को देखकर तारा सस्नेह हँस रही थी—"तो यह कहिए, आप दोनो सधे हुए थे, यह अभिनय अब तक दिखलाने के लिये कर रहे थे। आपने अभिनय की सफलता में कमाल कर दिया।"

"आप लोगों को प्रसन्न करना भी तो धर्म है।" राजकुमार मुस्किराता जाता था।

कनक दीदी की आड़ में छिपकर हँस रही थी।

चंदन बड़ा तेज़ था। उसने सोचा, आनंद के समय जितना ही चुप रहा जाता है, आनंद उतना ही स्थायी होता है, और तभी उसके अनुभव का सच्चा सुख भी प्राप्त होता है। इस विचार से उसने प्रसंग बदलकर कहा, भाभी, ताश तो होंगे?

"एक बॉक्स में पड़े तो थे।"

"निकाल दो, अच्छा, मुझे गुच्छा दो, और किस बॉक्स में हैं, बतला दो, मैं निकाल लूँ।" चंदन ने हाथ बढ़ाया।

तारा स्वयं उठकर चली। "रज्जू बाबू, यह बॉक्स उतारो।"

राजकुमार ने उठकर ऊपरवाला तारा का कैशबॉक्स नीचे रख उस बड़े बॉक्स को उतार लिया।

खोजकर तारा ने ताश निकाल लिए। कौन किस तरफ़ हो, इसका निर्णय होने लगा। राजकुमार बॉक्सों को उठाकर रखने लगा। फ़ैसला नहीं हो रहा था। चंदन कहता था, तुम दोनो एक तरफ़ हो जाओ, मैं और राजकुमार एक तरफ़। पर

तारा चंदन को लेना चाहती थी। क्योंकि मज़ाक़ के लिये मौक़ा राजकुमार और कनक को एक तरफ़ करने में था; दूसरे उनमें चंदन खेलता भी अच्छा था। कनक सोचती थी, दीदी हार जायगी, वह ज़रूर अच्छा नहीं खेलती होगी। अपनी ही तरह दिल से तारा भी कनक को कमजोर समझ रही थी। राजकुमार ज़रा-सी बात के लंबे विवाद पर चुपचाप हँस रहा था। कनक ने खुलकर कह दिया, मैं छोटे साहब को लूँगी। यही फ़ैसला रहा।

अब बात उठी, क्या खेला जाय। चंदन ने कहा, ब्रिज। तारा इनकार कर गई। वह ब्रिज अच्छा नहीं जानती थी। उसने कहा, बादशाह-पकड़। कनक हँसने लगी। चंदन ने कहा अच्छा टुएंटीनाइन खेलो। राजकुमार ने कहा—"भई, अपनी डफली अपना राग, स्क्रू खेलो, बहूजी उनतीस-खेल अच्छा नहीं जानतीं, मैं हार जाऊँगा।"

"मैं सड़ियल खेल नहीं खेलता, क्यों भाभीजी, उनतीस के लिये पत्ते छाँटता हूँ?" चंदन ने सबसे छोटे होने के छोटे स्वर में बड़ी दृढ़ता रखकर कहा। यही निश्चय रहा।

"आप तो जानती हैं न २६?" कनक से चंदन ने पूछा।

"खेलिए" कनक मंद मुस्किरा दी।

कनक और चंदन एक तरफ़, तारा और राजकुमार दूसरी तरफ़ हुए। चंदन ने पत्तियाँ अलग कर लीं। कह दिया कि बोली चार-ही-चार पत्तियों पर होगी, रंग छिपाकर रक्खा

जायगा, जिसे ज़रूरत पड़े, साबित करा ले, रंग खुलने के बाद रॉयल पेयर की क़ीमत होगी।

चार-चार पत्तियाँ बाँटकर चंदन ने कहा—"कुछ बाज़ी भी ?"

"हाँ, घुसौवल, हर सेट पर पाँच घूँसे" राजकुमार ने कहा।

"यार, तुम, गँवार हो, एम्० ए० तो पास किया, पर सिंहजी का शिकारी स्वभाव वैसा बना हुआ है, अच्छा बोलो," राजकुमार से कहा—"मैं कहता हूँ, बाज़ी यह रही कि हवड़ा-स्टेशन पर हैमिल्टन की कारस्तानी का मोरचा वह ले, जो जीते।"

राजकुमार चंदन की सूझ पर खुश हो गया। कहा—"सेवन्टीन" (सत्रह)।

कनक ने कहा—"नाइनटीन" (उन्नीस)

राजकुमार—"पास"

चंदन—"इस—तुम तो एक ही धौल में फिरस हो गए !"

तारा और चंदन ने भी पास किया। कनक के उन्नीस रहे। उसने रंग रख दिया। खेल होता रहा। कनक ने उन्नीस कर लिए।

खेल में राजकुमार कभी क़ायल नहीं हुआ। पर आज एक ही बार हारकर उसे बड़ी लज्जा लगी।

अब राजकुमार ने पत्तियाँ बाँटीं।

कनक—"सेवन्टीन"

तारा—"नाइन्टीन"

कनक—"नाइन्टीन"

चंदन ने कहा, गोइयाँ पर क्या बोलें, पास।

राजकुमार के पास रंग नहीं था। पर कनक फिर बढ़ रही थी, उसका पुरुषोचित अकारण बड़प्पन फड़क उठा, कहा—"टुएंटी" (बीस)

कनक—"ऐक्सेप्ट" (मुझे बीस स्वीकार है)

राजकुमार—"टुएंटीवन्" (इक्कीस)

कनक—"(अच्छी तरह अपनी पत्तियाँ देखती, मुस्किराती हुई) "ऐक्सेप्ट"

राजकुमार—"टुएंटी टू" (बाईस)

कनक—"ऐक्सेप्ट"

राजकुमार (बिना पत्ते देखे, खुलकर)—"टुएंटी थ्री"

कनक ने हँसकर कहा, पास।

राजकुमार ने बड़ी शिथिलता से रंग रक्खा। खेल होने लगा। पहला हाथ चंदन ने लिया। कनक ने एक पेयर दिखलाया। चंदन ने कहा, टुएंटी फ़ाइव्। राजकुमार के पास पत्तियाँ थीं नहीं। शान पर चढ़ गया था। हारता रहा। खेल हो जाने पर देखा गया, राजकुमार के आधे नहीं बने थे। दो काली बिंदियाँ खुलीं। राजकुमार बहुत झेंपा।

गाड़ी बर्दवान पार कर चुकी। खेल होता रहा। अब तक राजकुमार पर तीन काले और चार लाल खुल चुके थे।

तारा ने स्टेशन क़रीब देख तैयार हो रहने के विचार से खेल बंद कर दिया। पहले उसे राजकुमार की बातों से जितना आनंद मिला था, अब हवड़ा ज्यों-ज्यों नज़दीक आने लगा, उतना ही हृदय से डरने लगी। मन-ही-मन सकुशल सबके घर पहुँच जाने की कालीजी से प्रार्थना करने लगी। कनक को अच्छी तरह ओढ़ाकर कुछ मुँह ढककर चलने की शिक्षा दी।

चंदन ने कहा, क़रार हो चुका है, अब मैं जैसा-जैसा कहूँ, करो; कहीं मार-पीट की नौबत आएगी, तो तुम्हें सामने कर दूँगा।

इस मित्र-परिवार की तमाम आशाओं और शंकाओं को लिए पूरी रफ़्तार से बढ़ती हुई गाड़ी लिलुआ-स्टेशन पर आकर खड़ी हो गई। हर डब्बे पर एक-एक टिकट-कलक्टर चढ़कर यात्रियों से टिकट लेने लगा।

कनक से हारकर अब राजकुमार उससे नज़र नहीं मिलाता। कनक स्पर्द्धा लिए हुए दृष्टि से, अलि-युवती की तरह, अपने फूल के चारो ओर मँडराया करती है। सीधे, तिरछे, एक-बग़ल, जिस तरह भी आँखों को जगह मिलती है, दीदी और चंदन से बचकर, पूरी बेहयाई से उससे चुभ जाती है। उसे गिरफ़्तार कर खींचती, झुका हुआ देख सस्नेह छोड़ देती है। एक स्त्री के सामने यह राजकुमार की पहली हार थी, हर तरह।

गाड़ी लिलुआ-स्टेशन से छूट गई। चंदन ने नेतृत्व लिया। तारा का हृदय रह-रहकर काँप उठता था। राजकुमार महापुरुष की तरह स्थिर हो रहा था, अपनी तमाम शक्तियों से संकुचित चंदन की जरूरत के वक़्त तत्काल मदद करने के लिये। कनक पारिजात की तरह अर्द्ध-प्रस्फुट निष्कलंक दृष्टि से हवड़ा-स्टेशन की प्रतीक्षा कर रही थी। केवल सिर चादर से ढका हुआ, श्वेत बादलों में अधखुले सूर्य की तरह।

देखते-देखते हवड़ा आ गया। गाड़ी पहले प्लैटफ़ार्म पर लगी। चंदन तुरंत उतर पड़ा। दो टैक्सियाँ कीं। कुली सामान उठाकर रखने लगे। चंदन ने एक ही टैक्सी पर कुल सामान रखवाया। सिर्फ़ बहू का कैश-बॉक्स लिए रहा। राजकुमार को धीरे से समझा दिया कि सामान वह अपने डेरे पर उतारकर रक्खेगा, वह बहू को छोड़कर घर से गाड़ी लेकर आता है। कुलियों को दाम दे दिए।

एक टैक्सी पर राजकुमार अकेला बैठा, एक पर बहू, कनक और चंदन। टैक्सियाँ चल दीं। चंदन रह-रहकर पीछे देखता जाता था। पुल पार कर उसने देखा, एक टैक्सी आ रही है। उसे कुछ संदेह हुआ। उस पर जो आदमी था, वह यात्री नहीं जान पड़ता था। चंदन ने सोचा, यह जरूर खुफ़िया का कोई है, और हैमिल्टन ने इसे पीछे लगाया है। अपने ड्राइवर से कहा, इस गाड़ी को दूसरी

गाड़ी की बगल करो। ड्राइवर ने वैसा ही किया। चंदन ने राजकुमार से कहा, 'टी' पीछे लगा है, टैक्सी एक है, देखें, किसके पीछे लगती है। चंदन और कलकत्ते के विद्यार्थी खुफ़ियावालों को 'टी' कहते हैं।

राजकुमार ने एक दफ़ा लापरवाह निगाह से पीछे देखा। सेंट्रल ऐवेन्यू के पास दोनो गाड़ियाँ दो तरफ़ हो गई। राजकुमार की टैक्सी दक्खिन चली, और चंदन की उत्तर। कुछ दूर चलकर चंदन ने देखा, टैक्सी बिना रुके राजकुमार की टैक्सी के पीछे चली गई। चंदन को चिंता हुई। सोचने लगा।

बहू ने कहा—"छोटे साहब, वह गाड़ी शायद उधर ही गई?"

"हाँ" चंदन का स्वर गंभीर हो रहा था।

"तुम्हारा मकान तो आ गया, इस तरफ़ है न?" तारा ने कहा।

"हाँ चलो, दीदी, आज हमारे मकान रहो।" ड्राइवर से कनक ने कहा, "बाईं तरफ़।"

टैक्सी कनक के मकान के सामने खड़ी हो गई। मकान देखकर चंदन के हृदय में कनक के प्रति संभ्रम पैदा हुआ। कनक उतर पड़ी। सब लोग बड़े प्रसन्न हुए। दौड़कर सर्वेश्वरी को खबर दी। कनक ने मीटर देखकर एक आदमी से किराया चुका देने के लिये कहा। चंदन ने कहा, अब

घर चलकर किराया चुका दिया जायगा। कनक ने न सुना। तारा का हाथ पकड़कर कहा, दीदी, चलो। तारा ने कहा—"अभी नहीं बहन, इसका अर्थ तुम्हें फिर मालूम हो जायगा। फिर कभी रज्जू बाबू को साथ लेकर आया जायगा। तुम्हारा विवाह तो हमें यहीं करना है।"

कनक कुछ खिन्न हो गई। अपने ड्राइवर से गाड़ी ले आने के लिये कहा। तारा और चंदन उतरकर अहाते में खड़े हो गए। सर्वेश्वरी ऊपर से उतर आई। कनक को गले लगाकर चूमा। एक साँस में कनक बहुत कुछ कह गई। सर्वेश्वरी ने तारा को देखा, तारा ने सर्वेश्वरी को। तारा ने मुँह फेरकर चंदन से कहा, छोटे साहब, जल्द चलो। तारा को तकलीफ़ हो रही थी। सर्वेश्वरी अत्यंत सुंदर होने पर भी तारा को बड़ी कुत्सित देख पड़ी। उसके मुख की रेखाओं के स्मरण-मात्र से तारा को भय होता था। अपने चरित्र-बल से सर्वेश्वरी के विकृत परमाणुओं को रोकती हुई जैसे मुहूर्त-मात्र में थककर ऊब गई हो। तब तक कनक का ड्राइवर मोटर ले आया। पहले सर्वेश्वरी तारा को भी स्नेह करना चाहती थी, क्योंकि दीदी का परिचय कनक ने सबसे पहले दिया था; पर हिम्मत करके भी तारा की तरफ़ स्नेह भाव से नहीं बढ़ सकी, जैसे तारा की प्रकृति उससे किसी प्रकार का भी दान स्वीकृत करने के लिये तैयार नहीं, उसे उससे परमार्थ के रूप से जो कुछ लेना हो, ले। कनक ने दीदी की

ऐसी मूर्ति कभी नहीं देखी, यह वह दीदी न थी। कनक के हृदय में यह पहलेपहल विशद भावना का प्रकाश हुआ। सर्वेश्वरी इतना सब नहीं समझ सकी। समझी सिर्फ़ अपनी क्षुद्रता और तारा की महत्ता, उसका अविचल स्त्रीत्व, पति-निष्ठा। आप-ही-आप सर्वेश्वरी का मस्तक झुक गया। उसका विष पीकर तारा एक बार तपकर फिर धीर हो गई। सर्वेश्वरी के हृदय में शांति का उद्रेक हुआ। ऐसी परीक्षा उसने कभी नहीं दी। सिद्धांत वह बहुत जानती थी, पर इतना स्पष्ट प्रमाण अब तक नहीं मिला था। वह जानती थी, हिंदू-घराने में, और ख़ासकर बंगाल छोड़कर भारत के अपर उत्तरी भागों में, कन्या को देवी मानकर घरवाले उसके पैर छूते हैं। कनक की दीदी को उसने देवी और कन्या के रूप में मानकर पास आ पैर छुए। तारा शांत खड़ी रही। चंदन स्थिर, झुका हुआ।

ड्राइवर गाड़ी लगाए हुए था। तारा बिना कुछ कहे गाड़ी की तरफ़ बढ़ी, मन से भगवान् विश्वनाथ और कालीजी को स्मरण करती हुई। पीछे-पीछे चंदन चला।

सर्वेश्वरी ने बढ़कर दरवाज़ा खोल दिया। तारा बैठ गई। नौकर ने कैश-बॉक्स रख दिया। चंदन भी बैठ गया।

कनक देखती रही। पहले उसकी इच्छा थी कि वह भी दीदी के साथ उसके मक़ान जायगी। पर इस भाव-परिवर्तन को देख वह कुछ घबरा गई थी। इसलिये

उसी जगह खड़ी रही। गाड़ी चल दी, चंदन के कहने पर।

(२३)

राजकुमार ने अपने कमरे में पहुँचकर देखा, उसके संवाद-पत्र पड़े थे। कुलियों से सामान रखवा दिया। पारिश्रमिक दे दिया। उन्हीं पत्रों में खोजने लगा, उसके पत्र भी आए हैं या नहीं। उसकी सलाह के अनुसार उसके पत्र भी पोस्टमैन झरोखे से डाल जाते थे। कई पत्र थे। अधिकांश मित्रों के। एक उसके घर का था। खोलकर पढ़ने लगा। उसकी माता ने लिखा था, गर्मियों की छुट्टी में तुम घर आनेवाले थे, पर नहीं आए, चित्त लगा है—आदि-आदि। अभी कॉलेज खुलने के बहुत दिन थे। राजकुमार बैठा सोच रहा था कि एक बार घर जाकर माता के दर्शन कर आवे।

राजकुमार ने 'टी' को पीछा करते हुए देखा था, और यह भी देखा था कि उसकी टैक्सी के रुकने के साथ ही 'टी' की टैक्सी भी कुछ दूर पीछे रुक गई। पर वह स्वभाव का इतना लापरवाह था कि इसके बाद उस पर क्या विपत्ति होगी, इसकी उसने कल्पना भी नहीं की। जब एकाएक माता का ध्यान आया, तो स्मरण आया कि चंदन की किताबें यहाँ हैं, और यदि तलाशी हुई, तो चंदन पर विपत्ति आ सकती है। वह विचारों को छोड़कर किताबें उलट-उलटकर

देखने लगा। दराज से रबर और छुरी निकालकर जहाँ कहीं उसने चंदन का नाम लिखा हुआ देखा, घिसकर, काटकर उड़ा दिया। इस पर भी किसी प्रकार की शंका हो, इस विचार से, बीच-बीच, ऊपर के सफ़ों पर, अपना नाम लिख देता था। अधिकांश पुस्तकें चंदन के नाम की छाप से रिक्त थीं। कारण, उसे नाम लिखने की लत न थी। जहाँ कहीं था भी, वह भी बहुत स्पष्ट। और, इतनी मैली वे किताबें थीं, जिनमें यह छाप होती थी कि देखकर यह अनुमान लगा लेना सहज होता था कि यह "परहस्तेषु गताः" की दशा है, और दूसरे लोग आक्रमण से स्वयं बचे रहने के लिये किताबों पर मालिक का नाम लिख देते थे, इस तरह अपने यहाँ छिपाकर पढ़ते थे।

राजकुमार जब इस कृत्य में लीन था, तब चंदन कनक के मकान में था। राजकुमार के यहाँ से सामान ले आने और टी के संबंध की बातें जानने के लिये और उत्सुक हो रहा था। वह सीधे राजकुमार के पास ही जाता, पर कनक को बहू के भाव न समझ सकने के कारण कष्ट हो, इस शंका से पहले कनक के ही यहाँ गया। कनक चंदन को अपने यहाँ पाकर बड़ी प्रसन्न हुई। चालाक चंदन ने बहू का भीतरी मतलब, जिससे बहू उसके मकान नहीं गई, कुछ सच और कुछ रँगकर ख़ूब समझाया। चंदन के सत्य का तो कुछ असर कनक पर पड़ा, पर उसकी रँगामेज़ी से कनक के दिल में

दीदी का रंग फीका नहीं पड़ा। कारण, उसने अपनी ही आँखों दीदी की उस समय की अनुपम छवि देखी थी, जिसका पुरअसर खयाल वह किसी तरह भी न छोड़ सकी। वह दीदी पुरानी आदतों से मजबूर है, यह सिर्फ उसने सुन लिया, और सभ्यता की खातिर इसके बाद एक हाँ कर दिया। चंदन ने समझा, मैंने खूब समझाया। कनक ने दिल में कहा, तुम कुछ नहीं समझे।

चंदन की इच्छा न रहने पर भी कनक ने उसे जल-पान कराया, और फिर यह जानकर कि वह राजकुमार के यहाँ जा रहा है, उससे आग्रह किया कि वह और राजकुमार आज शाम चार बजे उसके यहाँ आ जायँ, और वहीं भोजन करें। चंदन ने निमंत्रण स्वीकार कर लिया। उतरकर अपनी मोटर पर राजकुमार के यहाँ चला।

राजकुमार ने नया मकान बदला था, इसका पता तो चंदन को मालूम था, पर कहाँ है, नहीं जानता था। अतः दो-एक जगह पूछकर, रुक-रुककर जाना पड़ा। राजकुमार अपने किताबी कार्य से निवृत्त होकर चाय मँगवाकर आराम से पी रहा था।

चंदन पहले सीधे मकान के मैनेजर के पास गया। पूछा, १० नं० कमरे का कितना किराया बाक़ी है ?

मैनेजर ने आगंतुक को देखे विना अपना खाता खोलकर

बतलाया—"चालीस रुपए, दो महीने का है; आपको तो मालूम होगा।"

चंदन ने बिलकुल सज्ञान की तरह कहा—"हाँ, मालूम था, पर मैंने कहा, एक दफ़ा जाँच कर लूँ। अच्छा, यह लीजिए।"

चंदन ने चालीस रुपए के चार नोट दे दिए।

"अच्छा, आप बतला सकते हैं, आज मेरे नाम की यहाँ किसी ने जाँच की थी?" चंदन ने ग़ौर से मैनेजर को देखते हुए पूछा।

"हाँ, एक आदमी आया था, उसने पूछ-ताछ की थी, पर इस तरह अक्सर लोग आया करते हैं, पूछ-पछोर कर चले जाते हैं।" मैनेजर ने कुछ विरक्ति से कहा।

"हाँ, कोई ग़ैरजिम्मेदार आदमी होंगे, कुछ काम नहीं, सो दूसरों की जाँच-पड़ताल करते फिरे।" व्यंग्य के स्वर में कहकर चंदन वहाँ से चल दिया। मैनेजर को चंदन का कहना अच्छा नहीं लगा। जब उसने निगाह उठाई, तब चंदन मुँह फेर चुका था।

राजकुमार के कमरे में जाकर चंदन ने देखा, वह अख़बार उलट रहा था। पास बैठ गया।

"तुम्हारा न्योता है, रक्खो अख़बार।"

"कहाँ?"

"तुम्हारी बीवी के यहाँ।"

"मैं घर जाना चाहता हूँ। अम्मा ने बुलाया है। कॉलेज खुलने तक लौटूँगा।"

"तो कल चले जाना, न्योता तो आज है।"

"गाड़ी तो ले आए होंगे?"

"हाँ।"

"अरे रमजान!" राजकुमार ने नौकर को बुलाया। इसका नाम रामजियावन था। पर राजकुमार ने छोटा कर लिया था। रामजियावन सामान उठाकर मोटर पर रखने लगा।

"कमरे की कुंजी मुझे दे दो।" चंदन ने कहा।

राजकुमार ने कुंजी दे दी। कुछ पूछा नहीं, कहा—"मैं कल चला जाऊँगा। लौटकर दूसरी कुंजी बनवा लूँगा। न्योते में तुम तो होगे ही?"

"जहाँ मुफ़्त माल मिलता हो, वहाँ मेरी बेरहमी तुम जानते हो।"

"तुमने मुफ़्त माल के लिये काफ़ी गुंजाइश कर ली। आसामी मालदार है।"

"दादा, क़िस्मत तो तुम्हारी है, जिसे रास्ता चलते जान-व-माल दोनो मिलते हैं; यहाँ तो ईश्वर ने दिखलावे के लिये बड़े घर में पैदा किया है, रहने के लिये दूसरा ही बड़ा घर चुना है, रामबान कूटते-कूटते जान जायगी देखो अब! कपाल क्या मशाल जल रही है।" चंदन ने राजकुमार को देखते हुए कहा।

नौकर ने कहा, जल्दी जाइए, सामान रख दिया बाबू !

राजकुमार और चंदन भवानीपुर चले। राह में चंदन ने उसे कनक के यहाँ छोड़ जाने के लिये पूछा, पर उसने पहले घर चलकर अम्मा और बड़े भैया को प्रणाम करने की इच्छा प्रकट की। चंदन ड्राइव कर रहा था। सीधे भवानीपुर चला।

राजकुमार को देखकर चंदन की माता और बड़े भाई नंदन बड़े .खुश हुए। बहू ने मकान जाते ही पति से राजकुमार के नए ढंग के विवाह की कथा को, अपनी सरलता से रंग चढ़ा-चढ़ाकर, ख़ूब चमका दिया था। नंदन की वैसी स्थिति में राजकुमार से पूरी सहानुभूति थी। तारा ने अपनी सास से इसकी चर्चा नहीं की। नंदन ने भी मना कर दिया था। तारा को कुछ अधिक स्वतंत्रता देने के विचार से नंदन ने उसके जाते ही खोदकर माता के काशी-वास की कथा उठा दी थी। अब तक इसी पर बहस हो रही थी, उन्हें कौन काशी छोड़ने जायगा, वहाँ कितना मासिक ख़र्च संभव है, एक नौकर और एक ब्राह्मण से काम चल जायगा या नहीं, आदि-आदि। इसी समय राजकुमार और चंदन वहाँ पहुँचे।

राजकुमार ने मित्र की माता के चरण छूकर धूलि सिर से लगा ली, बड़े भाई को हाथ जोड़कर प्रणाम किया। अँगरेजी में नंदन ने कहा, तुम्हारी बहूजी से तुम्हारे अजीब

विवाह की बातें सुनकर हमें बड़ी प्रसन्नता हुई। राजकुमार ने नज़र झुका ली।

अँगरेज़ी का मर्म शायद काशी-वास की कथा हो, जो अभी चल रही थी, यह समझकर चंदन की मा ने कहा, "देखो न भैया, न-जाने कब जीव निकल जाय, करारे का रूख, कौन ठिकाना, चाहे जब भहराय के बैठ जाय, यही से अब जितनी जल्दी बाबा विश्वनाथजी की पैर-पोसी मा हाजिर ह्वै सकी, वतनै अच्छा है।"

"हाँ, अम्मा, विचार तो बड़ा अच्छा है।" राजकुमार ने ज़रा स्वर ऊँचा करके कहा।

"लै जाय की फ़ुर्सत नाहीं ना कोहू का, यह छिबुलका पैदा होय के साथै आफ़त बरपा करै लाग," चंदन की तरफ़ देखकर माता ने कहा, "यहि के साथ को जाय!"

"अम्मा, मैं कल घर जाऊँगा, अम्मा ने बुलाया है, आप चलें, तो आपको काशी छोड़ दूँ।" राजकुमार ने कहा।

वृद्धा गद्गद हो गई। राजकुमार को आशीर्वाद दिया। नंदन से कल ही सब इंतज़ाम कर देने के लिये कहा।

"तो तुम लौटोगे कब?" तारा ने राजकुमार को व्यग्रता से देखते हुए पूछा। "चार-पाँच रोज़ में लौट आऊँगा।"

भोजन तैयार था। तारा ने राजकुमार और चंदन को नहाने के लिये कहा। महरी दोनो की धोतियाँ गुसलख़ाने में रख आई। राजकुमार और चंदन नहाने के लिये गए।

भोजन कर दोनो मित्र आराम कर रहे थे। तारा आई। राजकुमार से कहा—"रज्जू बाबू, अम्मा को मिलने के लिये पड़ोसिनों के यहाँ भेज दूँगी, अगर कल तुम लिए जाते हो; आज शाम को उसे यहाँ ले आओ।"

"अच्छी बात है।" राजकुमार ने शांति से कहा। चंदन ने पेट में उँगली कोंच दी। राजकुमार हँस पड़ा।

"बनते क्यों हो?" चंदन ने कहा, "मुझे बड़ा ग़ुस्सा लगता है, जब मियाँ बनकर लोग गाल फुलाने लगते हैं, बाहियात, दूसरों को जताते हैं कि मेरे बीवी है। बीवी कहीं पढ़ी-लिखी हुई, तब तो इन्हें बीवी के बोलते हुए विज्ञापन समझो; मियाँ लोग दुनिया के सबसे बड़े जोकर हैं।"

तारा खड़ी हँस रही थी—"आपके भाई साहब?"

"वह सब साहब पर एक ही ट्रेडमार्क है।"

"अच्छा-अच्छा, अब आपकी भी ख़बर ली जाती है।" तारा ने हँसते हुए कहा।

मुझसे कोई पूछता है, तुम ब्याहे हो, ग़ैर-ब्याहे, तो मैं अपने को ब्याहा हुआ बतलाता हूँ।" चंदन ने राजकुमार को फाँसकर अकड़ते हुए कहा—"बदन बहुत टूट रहा है।"

"सोओगे तो ठीक हो जायगा। किस तरह ब्याहा हुआ बतलाते हो?" राजकुमार ने पूछा।

"किसी ने कहा है, मेरी शादी क़ानून से हुई है; किसी ने कहा है, मैं कविता-कुमारी का भर्ता हूँ; किसी ने कहा है,

मेरी प्यारी बीबी चिकित्सा है ; मैं कहता हूँ, मेरी हृदयेश्वरी, इस जीवन की एकमात्र संगिनी, इस चंदनसिंह की सिंहनी सरकार है।"

तारा मुस्किराकर रह गई। राजकुमार चुपचाप सोचने लगा।

महरी पान दे गई। तारा ने सबको पान दिए। पाँच बजे ले आने के लिये एक बार फिर याद दिला भीतर चली गई। दोनो पड़े रहे।

(२४)

चार का समय हुआ। चंदन उठा। राजकुमार को उठाया। दोनो ने हाथ-मुँह धोकर कुछ जल-पान किया। चंदन ने चलने के लिये कहा। राजकुमार तैयार हो गया।

तारा ने सास को कल जाने की बात वाक्-छल से याद दिला दी। पड़ोस की वृद्धाओं का जिक्र करते हुए पूछा, वह कैसी हैं, उनका लड़का विलायत से लौटनेवाला था, लौटा या नहीं, उनके पोते का शादी होनेवाली थी, किसी कारण से रुक गई थी, वह शादी होगी या नहीं आदि-आदि। वृद्धा को स्वभावतः इनसे मिलने की इच्छा हुई। जल्द जाने के विचार से तारा के प्रश्नों के बहुत संक्षिप्त उत्तर दिए। चलने लगीं, तो तारा से अपनी जरूरत की चीजें बतलाकर कह दिया कि सब सँभालकर इकट्ठी कर रक्खे। तारा ने बड़ी तत्परता से उत्तर दिया कि वह

निश्चिंत रहें। तारा जानती थी, यह सब दस मिनट का काम है, चलते समय भी कर दिया जा सकता है।

तारा की सास मोटर पर गईं। राजकुमार और चंदन ट्राम पर चले। राजकुमार भीतर-ही-भीतर अपने जीवन के उस स्वप्न को देख रहा था, जो किरणों में कनक को खोल-कर उसके हृदय की काव्य-जन्य रूप-तृष्णा तृप्त कर रहा था। बाहर तथा भीतर वह सब सिद्धियों के द्वार पर चक्कर लगा चुका था। बाहर अनेक प्रकार से सुंदरी स्त्रियों के चित्र देखे थे, पर भीतर ध्यान-नेत्रों से न देख सकने के कारण जब कभी उसने काव्य-रचना की, उसके दिल में एक असंपूर्णता हमेशा खटकती रही। उसके सतत प्रयत्न इस त्रुटि को दूर नहीं कर सके। अब, वह देखता है, आप-ही-आप, अशब्द ऋतु-वर्तन की तरह, जीवन का एक चक्र उसे प्रवर्तित कर परिपूर्ण चित्रकारिता के रहस्य-द्वार पर ला खड़ा कर गया है। दिल में आप-ही-आप निश्चय हुआ, सुंदरी स्त्री को अब तक मैं दूर से प्यार करता था, केवल इंद्रियाँ देकर, आत्मा अलग रहती थी, इसलिये सिर्फ उसके एक-एक अंग-प्रत्यंग लिखने के समय आते थे, परिपूर्ण मूर्ति नहीं; पूर्ण प्राप्ति पूर्ण दान चाहती है; मैंने परिपूर्ण पुरुष-देह देकर संपूर्ण स्त्री-मूर्ति प्राप्त की, आत्मा और प्राणों से संयुक्त, साँस लेती हुई, पलकें मारती हुई, रस से ओत-प्रोत, चंचल, स्नेहमयी। तत्त्व के मिलने पर जिस

तरह संतोष होता है, राजकुमार को वैसी ही तृप्ति हुई।

राजकुमार जितनी भीतर की उधेड़-बुन में था, चंदन उतनी ही बाहर की छान-बीन में। चौरंगी की रंगीन परकटी परियों को देख जिस नेमि से उनके विचार के रथ-चक्र बराबर चक्कर लगाया करते थे, उसी देश की दुर्दशा, भारतीयों का अर्थ-संकट, संपत्ति-वृद्धि के उपाय, अनेकता में एकता का मूल सूत्र आदि-आदि सद्विप्रों की अनेक उक्तियों की एक राह से गुज़र रहा था। इसी से उसे अनेक चित्र, अनेक भाव, अपार सौंदर्य मिल रहा था। संसार की तमाम जातियाँ उसके एक तागे से बँधी हुई थीं, जिन्हें इंगित पर नचाते रहनेवाला वही सूत्रधार था।

"उतरो जी।" राजकुमार की बाँह पकड़कर चंदन ने झकझोर दिया।

तब तक राजकुमार कल्पना के मार्ग से बहुत दूर गुजर चुका था, जहाँ वह और कनक आकाश और पृथ्वी की तरह मिल रहे थे; जैसे दूर आकाश पृथ्वी को हृदय से लगा, हृदय-बल से उठाता हुआ, हमेशा उसे अपनी ही तरह सीमा-शून्य, अशून्य कर देने के लिये प्रयत्न-तत्पर हो, और यही जैसे सृष्टि की सर्वोत्तम कविता हो रही हो।

राजकुमार सजग हो धीरे-धीरे उतरने लगा। तब तक श्याम-बाजारवाली ट्राम आ गई। खींचते हुए चंदन ने

कहा—"गृहस्थी की फिर चिंता करना, चोट खाकर कहीं गिर जाओगे।"

दोनो श्याम-बाजारवाली गाड़ी पर बैठ गए। बहू-बाजार के चौराहे के पास ट्राम पहुँची, तो उतरकर कनक के मकान की तरफ़ चले। चंदन ने देखा, कनक तिमंजिले पर खड़ी दूसरी तरफ़ चित्तरंजन ऐवेन्यू की तरफ़ देख रही है।

राजकुमार को बड़ी ख़ुशी हुई। वह मर्म समझ गया। चंदन से कहा, बतला सकते हो, आप उस तरफ़ क्यों देख रही हैं?

"अजी, ये सब इंतज़ारी के नज़ारे, प्रेम के मज़े हैं, तुम मुझे क्या समझाओगे?"

"मज़े तो हैं, पर ठीक वजह यह नहीं; बहू को मैं इसी तरफ़ से लेकर गया था।"

"अच्छा! लड़ाई के बाद?"

राजकुमार ने हँसकर कहा—"हाँ।"

"अच्छा, आपने सोचा, मियाँ इसी राह मसजिद दौड़ते हैं।"

दोनो कनक के मकान पर आ गए। नौकर से पहले ही कनक नें कह रक्खा था कि दीदी के यहाँ के लोग आवें, तो साथ वह विना खबर दिए ही उसके पास ले जायगा।

नौकर दोनो को कनक के पास ले गया। कनक राजकुमार

को जरा-सा सिर झुका, हँसकर चंदन से मिली। हाथ पकड़ गद्दी पर बैठाया।

चंदन बैठते हुए कहता गया, "पहले अपने—अपने उनको उठाओ-बैठाओ; मैं तो यहाँ उन्हीं के सिलसिले से हूँ।"

"उनका तमाम मकान है, जहाँ चाहें, उठें-बैठें।" कनक होंठ काटकर मुस्किराती जाती थी।

राजकुमार भी चंदन के पास बैठ गया। तत्काल चंदन ने कहा—"उनका तमाम मकान है; और मेरा?"

तुम्हारा? तुम्हारी मैं और यह।"

चंदन झेंप गया। कनक भी उसी गद्दी पर बैठ गई। चंदन ने कहा—"तुम मुझसे बड़ी हो, पर आप-आप कहते मुझे बड़ा बुरा लगता है। मैं तुम्हारे इन्हीं को आप नहीं कहता! तुम चुन दो, तुम्हें क्या कहूँ?"

"तुम्हारी जो इच्छा।" कनक स्नेह से हँस रही थी।

"मैं तुम्हें जी—कहूँगा।"

"तुमने जीजी को एक बदे दो किया। एक हिस्सा मुझे मिला, एक किसके लिये रक्खा?"

"वह इनके लिये है। क्यों जी, इस तरह "जीजी" यत्र क्येति तदव्ययम् कही जायगी, या कहा जायगा?"

राजकुमार कुछ न बोला। कनक ने बगल से उठाकर घंटी बजाई। नौकर के आने पर पखावज और वीणा चढ़ा देने के लिये कहा।

खुश होकर चंदन ने कहा—"हाँ जी—तुम्हारा गाना तो सुनूँगा।"

"पखावज लीजिए।" कनक ने कहा।

"गाना लौटकर हो, तो अच्छा होगा। अभी बहू के पास जाना है।" राजकुमार ने साधारण गंभीरता से कहा।

"हाँ-हाँ, मैं भूल गया था। भाभी ने तुम्हें बुलाया है।"

कनक ने वीणा रख दी। गाड़ी तैयार करने के लिये कहा। इनकी प्रतीक्षा से पहले कपड़े बदल चुकी थी। उठकर खड़ी हो गई। जूते पहन लिए। आगे-आगे उतरने लगी। पति का अदब-क़ायदा सब भूल गया। बीच में राजकुमार था, पीछे चंदन। चंदन मुस्किराता जाता था। मन-ही-मन कहता था, इस आकाश की पक्षी से पींजड़े में 'राम-राम' रटाना समाज की बेवक़ूफ़ी है; इसका तो इसी रूप में सौंदर्य है।

गाड़ी तैयार थी। आगे ड्राइवर और अर्दली बैठे थे। पीछे दाहनी ओर राजकुमार, बाईं ओर चंदन, बीच में कनक बैठ गई।

गाड़ी भवानीपुर चली।

कुछ सोचते हुए चंदन ने कहा—"जी—मुझे एक हजार रुपए दो, मैंने हरदोई-जिले में, देहात में, एक राष्ट्रीय विद्यालय खोला है, उसकी मदद के लिये।"

"आज तुमको अम्मा से चेक दिला दूँगी" -कनक ने कुछ सोचे विना कहा।

"नहीं, मुझे चेक देने की जरूरत नहीं, मैं तुम्हें बतला दूँगा, अपने नाम से उसी पते पर भेज देना।" सोचते हुए चंदन ने कहा।

"तुम भीख माँगने में बड़े निपुण देख पड़ते हो।" राजकुमार ने कहा।

"तुम जी—को उपहार नहीं दोगे?" चंदन ने पूछा।

"क्यों? वक्तृता के प्रभाव से बेचवाने का इरादा है?"

"नहीं, पहले जब उपन्यासों की चाट थी, कॉलेज-जीवन में, देखता था, प्यार के उबाल में उपहार ही ईंधन का काम करते थे।"

'पर यह तो दैवी संयोग है।" राजकुमार ने मुस्किराकर कहा।

अनेक प्रकार की बातों से रास्ता पार हो गया। चंदन के गेट के सामने गाड़ी पहुँची। तारा प्रतीक्षा कर रही थी। नीचे उतर आई। बड़े स्नेह से ऊपर ले गई। राजकुमार और चंदन को भी बुलाया। ये भी पीछे-पीछे चले।

तारा ने पहले ही से कनक की पेशवाज निकाल रक्खी थी। दियासलाई और पेशवाज लेकर सीधे छत चढ़ने लगी। ये लोग पीछे-पीछे जा रहे थे।

छत पर रखकर, दियासलाई जला, आग लगा दी।

कनक गंभीर हो रही थी। पेशवाज जल रही थी। निष्पंद पलकें, अंतर्दृष्टि।

तारा ने कहा—"प्रतिज्ञा करो, कहो, अब ऐसा काम कभी नहीं करूँगी।"

"अब ऐसा काम कभी नहीं करूँगी।" कनक ने कहा।

"कहो, सुबह नहाकर रोज शिव-पूजन करूँगी।"

कनक ने कहा—"सुबह नहाकर रोज शिव-पूजन करूँगी!" उस समय की कनक को देखकर चंदन तथा राजकुमार के हृदय में मर्यादा के भाव जग रहे थे।

तारा ने कनक को गले लगा लिया। कहा—"अपनी मा से दूसरी जगह रहने के लिये कहो, मकान में एक यज्ञ कराओ, एक दिन ग़रीबों को भोजन दो, मकान में एक छोटा-सा शिव-मंदिर बनवा लो, जब तक मंदिर नहीं बनता, तब तक किसी कमरे में, अलग, जहाँ लोगों की आमदरफ्त ज्यादा न हो, पूजा-स्थान कर लो। आज आदमी भेजकर एक शिव-मूर्ति मैंने मँगा ली है। चलो, लेती जाओ।"

"भाभी," चंदन ने रोककर कहा, "यह सब सोना, जो मिट्टी में पड़ा है, कहो तो मैं ले लूँ।"

राजकुमार हँसा।

"ले लीजिए।" कहकर तारा कनक को साथ ले नीचे उतरने लगी। वह चंदन को पहचानती थी। राजकुमार खड़ा देखता रहा। चंदन राख फूँककर सोने के दाने इकट्ठे कर रहा था।

एकत्र कर तअज्जुब की निगाह से देखता रहा। सोना दो सेर से ज़्यादा था।

"ईश्वर करे, रोज़ एक पेशवाज ऐसी जले, सोना ग़रीबों को दिया जाय।" कहकर, अपनी धोती के छोर में बाँधकर, चंदन अपने कमरे की तरफ़ उतर गया। राजकुमार बहू के पास रह गया। चंदन के बड़े भाई भी आ गए थे, कहीं बाहर गए हुए थे। तारा से उन्होंने बहू देखने की इच्छा ज़ाहिर की थी। तारा ने कह दिया था कि कुछ नज़र करनी होगी। शायद इसी विचार से बाज़ार की तरफ़ गए थे। नीचे बैठे प्रतीक्षा कर रहे थे, कब बुलावा आवे। बहू ने दरबान से रोक रखने के लिये कह दिया था।

तारा ने अपनी ख़रीदी हुई एक लाल रेशमी साड़ी कनक को पहना दी। सुबह की पूजा का पुष्प चढ़ाया हुआ रक्खा था, सिर से छुला चलते समय अपने हाथों गंगा में छोड़ने का उपदेश दे सामने के आँचल में बाँध दिया, जिसकी भद्दी गाँठ चाँद के कलंक की तरह कनक को और सुंदर कर रही थी। इसके बाद नया सिंदूर निकाल मन-ही-मन गौरी को अर्पित कर कनक की माँग अच्छी तरह भर दी। राजकुमार से कहा, जाओ, अपने भाई साहब को बुला लाओ, वह देखेंगे। कनक का घूँघट काढ़ दिया। फ़र्श पर बैठा, दरवाज़ा बंद कर, दरवाज़े के पास खड़ी रही।

नंदन ने भेंट करने की बड़ी-बड़ी कल्पनाएँ कीं, पर कुछ

सूझा नहीं। तारा से उन्हें मालूम हो चुका था, कनक ऐश्वर्यवती है। इसलिये हज़ार-पाँच सौ की भेंट से उन्हें संतोष नहीं हो रहा था। कोई नई सूझ नहीं थी। तब तक उनके सामने से एक आदमी लेकर गुज़रा चर्खा। कलकत्ते में कहीं-कहीं जनेऊ के शुद्ध सूत निकालने के अभिप्राय से, बनते और बिकते थे। स्वदेशी आंदोलन के समय कुछ प्रचार स्वदेशी वस्त्रों का भी हुआ था, तब से बनने लगे थे। खोजकर एक अच्छा चर्खा उन्होंने भी खरीद लिया। इसके साथ उन्हें शांतिपुर और बंगाल-कैमिकल की याद आई। एक शांतिपुरी क़ीमती साड़ी और कुछ बंगाल-कैमिकल से तेल-फुलेल-एसेंस-पौडर आदि खरीद लिए, पर ये सब बहुत साधारण क़ीमत पर आ गए थे। उन्हें संतोष नहीं हुआ। वह जवाहरात की दूकान पर गए। बड़ी देख-भाल के बाद एक अँगूठी उन्हें बहुत पसंद आई। हीरे-जड़ी थी। क़ीमत हज़ार रुपए। खरीद लिया। उसमें खूबी यह थी कि 'सती' शब्द पर, नग की जगह, हीरक-चूर्ण ज़ड़े थे, जिनसे शब्द जगमगा रहे थे।

राजकुमार से खबर पा भेंट की चीज़ें लेकर नंदनसिंह बहू को देखने ऊपर चले। तारा कमरे के दरवाज़े पर खड़ी थी। एक बार कनक को देखकर दरवाज़ा खोल दिया। नंदन ने वस्तुएँ तारा के सामने टेबिल पर रख दीं। अँगूठी पहना देने के लिये दी। अँगूठी के अक्षर पढ़कर, प्रसन्न हो, तारा ने

कनक को पहना दी, और कहा, बहू, तुम्हारे जेठ तुम्हारा मुँह देखेंगे राजकुमार। नीचे चंदन के पास उतर गया। तारा ने कनक का मुँह खोल दिया। जिस रूप में उसने बहू को सजा रक्खा था, उसे देखकर नंदन की तबियत भर गई। प्रसन्न होकर कहा, बहू बहुत अच्छी है। कनक अचंचल पलकें झुकाए हुए बैठी रही।

"हमारी एक साध बहू, और तुम्हें पूरी करनी है, हमें एक भजन गाकर सुना दो, याद हो, तो गुसाईंजी का।" नंदन ने कहा।

तारा ने कनक से पूछा, उसने सिर हिलाकर सम्मति दी।

तारा ने कहा, उस कमरे से सुनिएगा, और छोटे साहब को बुला दीजिएगा।

राजकुमार और चंदन आप ही तब तक ऊपर आ गए। तारा चंदन से तबला बजाने का प्रस्ताव कर मुस्किराई। चंदन राजी हो गया। कमरे में एक बॉक्स हारमोनियम था। चंदन तबलों की जोड़ी ले आया। राजकुमार बाहर कर दिया गया। भीतर तारा, कनक और चंदन रहे।

स्वर मिलाकर कनक गाने लगी—

श्रीरामचंद्र कृपालु भजु मन हरन भव-भय दारुनम्;
नव-कंज लोचन, कंज मुख, कर कंज, पद कंजारुनम्।
कंदर्प-अगनित-अमित छबि नव-नील-नीरज-सुंदरम्;
पट पीत मानहु तड़ित सुचि रुचि नौमि जनकसुतावरम्।

एक-एक शब्द से कनक अपने शुद्ध हुए हृदय से भगवान् श्रीरामचंद्रजी को अर्घ्य दे रही थी। चंदन गंभीर हो रहा था। तारा और नंदन रो रहे थे।

नंदन ने राजकुमार को अप्सरा-विवाह के लिये हार्दिक धन्यवाद दिया। कनक के रुपहले तार-से चमचमाते हुए भावना-सुंदर बेफाँस स्वर की बड़ी तारीफ़ थी।

तारा ने चंदन की टेकेबाज़ी पर चुटकियाँ कसीं, कनक का श्रमित, शांत-मुख चूमकर, परी-बहू श्रुति-सुखद शब्द सुना कुछ उभाड़ दिया।

नंदन ने छोटे भाई से कहा—"अब तुम्हारे लखनऊ जाने की जरूरत न होगी। वकील की चिट्ठी आई है, पुलिस ने लिखा-पढ़ी करके तुम्हारा नाम निकाल दिया।" चंदन ने भौं सिकोड़कर सुन लिया।

नंदन और राजकुमार बातचीत करते हुए नीचे उतर गए। नंदन राजकुमार को कुछ उपदेश दे रहे थे।

तारा ने चंदन से बहू के पुष्प-विसर्जनोत्सव पर गंगाजी चलने के लिये कहा। यह कार्य अंत तक अपने ही सामने करा देना उसे पसंद आया। कनक के मोज़े उतरवा दिए, और देव-कार्य के समय सदा नंगे-पैर रहने का उपदेश भी दिया।

गंगाजी में कनक के आँचल का फूल छुड़वा, कालीजी के दर्शन करा जब वह लौटी, तब आठ बज रहे थे। कनक ने

चलने की आज्ञा माँगो। बिदा हो, प्रणाम कर, चंदन और राजकुमार के साथ घर लौटी।

(२५)

सर्वेश्वरी बड़ी उत्सुकता से प्रतीक्षा कर रही थी। उसने सोच लिया है, अब इस मकान में उसका रहना ठीक नहीं। ज़िंदगी में उपार्जन उसने बहुत किया था। अब उसकी चित्त-वृत्ति बदल रही थी। कलकत्ता आना सिर्फ़ उपार्जन के लिये था। अब वह भी अपने हिंदू-विचारों के अनुसार जीवन के अंतिम दिवस काशी ही रहकर बाबा विश्वनाथ के दर्शन में पार करना चाहती थी। बैंकों में चार लाख से कुछ अधिक रुपए उसने जमा कर रक्खे हैं। यह सब कनक की संपत्ति है। राजकुमार को दहेज़ के रूप में कुछ देने के लिये कुछ रुपए उसने आज निकाले हैं। बैठी हुई इसी संबंध में सोच रही थी कि कनक की गाड़ी पहुँची।

कनक राजकुमार और चंदन को लेकर पहले माता के कमरे में गई। दोनो को वहीं छोड़कर ऊपर अपने कमरे में चली गई। कनक को माता के विचार मालूम थे।

सर्वेश्वरी ने बड़े आदर से उठकर राजकुमार और चंदन को एक-एक सोफ़े पर बैठाया। गद्दी छोड़कर ख़ुद फ़र्श पर बैठी। अपने भविष्य के विचार दोनो के सामने प्रकट करने लगी।

कनक भोजन पका रही थी। जो कार्य उसका अधूरा रह

गया था, आज चंदन के आने की वजह दूने उत्साह से पूरा कर रही थी। इंतज़ाम इनके आने से पहले ही कर रक्खा था। मदद करनेवाले नौकर थे। उसे घंटे-भर से ज़्यादा देर नहीं लगी। एक साथ कई चूल्हे जलवा दिए थे।

सर्वेश्वरी ने कहा—"पहले मेरा विचार था, कुँवर साहब पर मुक़दमा चलाऊँ, कुछ रोज कनक को ग़ायब करके, पर कनक की राय नहीं, इसलिये वह विचार रोक देना पड़ा। वह कहती है, (राजकुमार की तरफ़ इंगित कर) आपकी बदनामी होगी।"

"इस समय सहन करने की शक्ति बढ़ाना ज़्यादा अच्छा है।" चंदन ने कहा, और अनेक बातें लुप्त रखकर, जिससे उसके शब्दों का प्रभाव बढ़ रहा था।

"मैं अब काशी रहना चाहती हूँ, यह मकान भैया के लिये रहेगा।"

"यह तो बड़ी अच्छी बात है।" चंदन ने कहा, "भैया तो कल ही बनारस जा रहे हैं। लेकिन शायद आपको न ले जा सकें, और आपको साथ की जरूरत भी नहीं; मेरी मा को लिए जा रहे हैं। अंत समय काशी रहना धर्म और स्वास्थ्य, दोनो के लिये फ़ायदेवर है।"

चंदन की चुटकियों से सर्वेश्वरी ख़ुश हो रही थी, उसके दिल को ताड़कर। कुछ देर तक कनक की नादानी, उसके अपराधों की क्षमा, अब राजकुमार के सिवा उसके लिये

दूसरा अवलंब—मनोरंजन के लिये और विषय नहीं रहा, उसका सर्वस्व राजकुमार का है, आदि-आदि बातें सर्वेश्वरी अपने को पतित सास समझ उतनी ही दूर रहकर, उतनी ही अधिक सहानुभूति और स्नेह से कहती रही। चंदन भी पूरे उदात्त स्वरों से राजकुमार की विद्या-बुद्धि, सच्चरित्रता और सबसे बढ़कर उसकी कनक-निष्ठा की तारीफ़ करता रहा, और समझाता रहा कि कनक-जैसी सोने की जंजीर को राजकुमार के देवता भी कभी नहीं तोड़ सकते, और चंदन के घरवाले, उसके भाई और भाभी इस संबंध को पूरी सहानुभूति से स्वीकार करते हैं।

चंदन ने कुल मकान नहीं देखा था, देखने की इच्छा प्रकट की। सर्वेश्वरी ख़ुद चलकर दिखाने लगी। मकान की सुंदरता चंदन को बहुत पसंद आई। तिमंजिले पर घूमते हुए कनक को भोजन पकाते हुए देखा। तब तक भोजन पक चुका था। राजकुमार उसके पढ़नेवाले कमरे में रह गया था। मकान देखकर चंदन भी वहीं लौट आया। सर्वेश्वरी अपने कमरे में चली गई।

कनक अपने कमरे में थालियाँ लगाकर दोनो को बुलाने के लिये नीचे उतरी। देखा, दोनो एक-एक किताब पढ़ रहे थे।

कनक ने बुलाया। किताब से आँख उठा बड़ी इज़्ज़त से चंदन ने उसे देखा। उठकर खड़ा हो गया। राजकुमार भी उसके पीछे चला।

हाथ-मुँह धोकर दोनो बैठ गए। कनक ने कहा, छोटे साहब, उस रोज़ यहीं से तकरार की जड़ पड़ी थी।

"तुम लोगों की बेवक़ूफ़ी थी", चंदन ने ग्रास निगलकर कहा, "और यज्ञ, यह नरमेध-यज्ञ, बिना मेरे पूरी किस तरह होती ?"

कनक ने सर्वेश्वरी को बुला भेजा था। सर्वेश्वरी और उसके नौकर तोड़े लिए कमरे में आए। दोनो के पास पाँच-पाँच तोड़े रखवाकर सर्वेश्वरी ने हाथ जोड़कर प्रणाम किया। चंदन ग़ौर से तोड़ों को देखता रहा। समझ गया, इसलिये कुछ कहा नहीं।

कनक ने कहा, अम्मा, छोटे साहब को एक हज़ार रुपए और चाहिए, मुझे चेक दे दीजिएगा।

सर्वेश्वरी सुनकर चली गई। सोचा, शायद छोटे साहब इज़्ज़त में बड़े साहब हैं।

राजकुमार ने कहा—"पेट तो अभी क्यों भरा होगा ?"

"पाकट कहो, साहित्यिक हो, बैल ?" उठते हुए चंदन ने कहा। राजकुमार झेंपकर उठा। कनक ने दोनो के हाथ धुला दिए। तौलिया दिया, हाथ पोंछ चुकने पर पान।

अब तक दस का समय था। चंदन ने कहा—"ये रुपए जो मेरे हक़ में आए हैं, रखवा दो, मैं ज़रूरत पर ले लूँगा।"

राजकुमार ने कहा—"मैंने अपने रुपए भी तुम्हें दिए।"

"तो इन्हें भी रक्खो जी, कितने हैं सब ?"

कनक ने धीमे स्वर से कहा—"दस हज़ार।"

"अच्छा, हज़ार-हज़ार के तोड़े हैं। सुनो, अब मैं जाता हूँ।" राजकुमार से कहा, "आज तो तुम अपनी तरफ़ से यहाँ रहना चाहते होगे ?"

कनक लजाकर कमरे से निकल गई। राजकुमार ने कहा—"नहीं, मैं तुम्हारे साथ चलता हूँ।"

"अब आज मेरी प्रार्थना मंजूर करके रह जाओ, क्योंकि कल तुमसे बहुत बातें सुनने को मिलेंगी।"

"तो कल स्टेशन पर या भवानीपुर में मिलना, मैं सुबह चला जाऊँगा।"

"अच्छी बात है, जी—, सलाम।" चंदन उतरने लगा। कनक ने पकड़ लिया—'तुम भी रहो।"

"और कई काम हैं, तुम्हारे पैर पड़ूँ, छोड़ दो।"

"अच्छा चलो, मैं तुम्हें छोड़ आऊँगी।"

गाड़ी मँगवा ली। चंदन को चढ़ाकर कनक भी बैठ गई। चोर बाग़ान चलने के लिये चंदन ने कहा।

इस समय चंदन भविष्य के किसी सत्य चित्र को स्पष्ट कर रहा था। एक तूफ़ान उठनेवाला था।

गाड़ी चोर बाग़ान पहुँची। राजकुमार के मकान के सामने लगवा चंदन उतर पड़ा। कहा—"अपने पतिदेव का कमरा देखना चाहती हो, तो आओ, तुम्हें दिखला दें।"

कनक उतर पड़ी। भीतर जा राजकुमार का कमरा खोलकर चंदन ने बटन दबाया, बत्ती जल गई।

कनक ने देखा, सब सामान विशृंखल था।

चंदन ने कहा—"यह देखो, जली बीड़ियों का ढेर है। यह देखो, कैसी साफ़ किताबें हैं, जिल्दों का पता नहीं; वे उधरवाली मेरी हैं।"

राजकुमार के स्वभाव के अनुरूप उसका कमरा बन रहा था।

"इधर बहुत रोज़ से रहे नहीं, इसलिये कुछ गंदा हो गया है।"

कनक ने कहा।

"अब मुझे मालूम हुआ, तुम्हारी-उनकी अच्छी निभेगी, क्योंकि उनके स्याह दाग़ तुम बड़ी ख़ूबसूरती से धो दिया करोगी।"

"अच्छा छोटे साहब!"

"हाँ चलो, वह प्रतीक्षा करते होंगे, बेचारे की आँखें कड़ुआ रही होंगी, आँखों को रोशनी मिले।"

हँसकर कनक ने एक किताब चंदन की उठा ली।

चंदन ने कनक को मोटर पर बैठाल दिया, और हरदोई का पता लिखकर दिया।

लौटकर लेटा, तब ग्यारह बजने पर थे। सोचता हुआ सो गया।

आँख खुली बिलकुल तड़के दरवाज़े की भड़भड़ाहट से। दरवाज़ा खोला, तो मकान के मैनेजर और कई कांस्टेबुल खड़े थे।

चंदन ने देखा, एक दारोग़ा भी है, सबसे पीछे, फ्रेंच-कट दाढ़ी मुसलमान होने की सूचना दे रही है।

"यही है?" दारोग़ाजी ने मैनेजर से पूछा।

मैनेजर चकराया हुआ था।

चंदन ने तुरंत कहा—"कल जो चालीस रुपए मैंने दिए थे, अभी तक आपने रसीद नहीं दी।"

"यही हैं।" नए मैनेजर ने कहा।

दारोग़ाजी आज्ञापत्र दिखलाकर तलाशी लेने लगे। किताबें सामने ही रक्खी थीं। देखकर उछल पड़े। उलटते हुए नाम भी उन्हें मिल गया—राजकुमार। दूसरा मज़बूत मुक़द्दमा सूझा। सब किताबें निकाल लीं।

चंदन शांत खड़ा रहा। दारोग़ाजी ने इशारा किया, कांस्टेबुलों ने हथकड़ी डाल दी। अपराधी को प्रमाण के साथ मोटर पर लेकर, कॉलेज-स्ट्रीट से होकर, दारोग़ाजी लालडिग्गी की तरफ़ ले चले।

प्रातःकाल था। मोटर कनक के मकानवाली सड़क से जा रही थी। तिमंज़िले से टेबिल-हारमोनियम की आवाज़ आ रही थी। दूर से चंदन को कनक का परिचित स्वर सुन पड़ा। नज़दीक आने पर सुना, कनक गा रही थी—

"आजु रजनि बड़भागिनि लेख्यउँ, पेख्यउँ पिय-मुख-चंदा।"

(२६)

चार रोज़ बाद राजकुमार लौटा, तब कनक पूजा समाप्त कर निकल रही थी। दोनो एक साथ कमरे में गए, तो नीचे अख़बार-बालक आवाज़ लगा रहे थे—राजकुमार वर्मा को एक साल की सख्त क़ैद। दोनो हँसकर एक साथ नीचे झाँकने लगे।

नौकर ने कनक को अख़बार लाकर दिया।